un *zoológico* de **punto**

BLUME

Título original:
Knit your own Zoo

Fotografía:
Holly Jolliffe

Traducción:
Remedios Diéguez Diéguez

**Revisión de la edición
en lengua española:**
Isabel Jordana Barón
Profesora de Moda
Escola de la Dona, Barcelona

**Coordinación de la edición
en lengua española:**
Cristina Rodríguez Fischer

Primera edición en lengua española 2014

© 2014 Naturart, S.A. Editado por Blume
Av. Mare de Déu de Lorda, 20
08034 Barcelona
Tel. 93 205 40 00 Fax 93 205 14 41
E-mail: info@blume.net
© 2013 Collins & Brown, Londres
© 2013 del texto y los diseños Sally Muir
y Joanna Osborne

I.S.B.N.: 978-84-15317-89-0

Impreso en China

WWW.BLUME.NET

Este libro se ha impreso sobre papel manufacturado
con materia prima procedente de bosques de gestión
responsable. En la producción de nuestros libros
procuramos, con el máximo empeño, cumplir con
los requisitos medioambientales que promueven
la conservación y el uso sostenible de los bosques,
en especial de los bosques primarios. Asimismo, en
nuestra preocupación por el planeta, intentamos
emplear al máximo materiales reciclados, y solicitamos
a nuestros proveedores que usen materiales de
manufactura cuya fabricación esté libre de cloro
elemental (ECF) o de metales pesados, entre otros.

Para Georgie, Mena, Fanny, Fluffy, Ossie y Scruffy

un *zoológico* de *punto*

proyectos para tejer 25 animales, desde lobos, osos, leones, cebras y pandas hasta canguros, focas y camellos

BLUME

Sally Muir y Joanna Osborne

Contenido

Introducción

Todos (o casi todos) hemos sentido alguna vez el deseo de tener un animal exótico. Nosotras quisimos tener un lémur, pero no es precisamente la mascota ideal. Eso sí: podemos tejer un lémur de punto.

Disfrutamos tanto con los libros sobre gatos y perros que no hemos podido evitar la tentación de desarrollar esta nueva idea: un libro de animales salvajes. Si los perros y los gatos de punto son los compañeros perfectos, fáciles de cuidar, los animales de este zoo lo son más: no es necesario adaptar la casa para acoger a la jirafa; el león no necesita cazar animales vivos; tampoco hay que conseguir hojas de eucalipto para el koala ni ampliar el espacio para el elefante. Podrá disfrutar de los animales salvajes sin ninguno de sus inconvenientes.

No hemos podido incluir todos los animales; por tanto, nuestra selección es necesariamente personal. Sí están los más populares (el león, el tigre, el elefante, la jirafa), y hemos añadido los que más nos gustan (el murciélago frugívoro,

el armadillo y el oso hormiguero) y los más extraños y menos «adorables» (el camello, el cocodrilo y el mandril), pero que consideramos merecedores de formar parte de este libro.

Puede tejer sus propias especies amenazadas y, con algunas cajas de cereales, un poco de paja y plástico adhesivo, también podrá crear su propio zoológico. Incluso puede tejer una pareja de cada animal y crear su propia arca de Noé (un tanto incompleta, eso sí). Para los principiantes, los animales de un solo color (como los osos y la foca) ofrecen un buen punto de partida. A continuación vendrían el suricato y el lémur, para acabar con los más difíciles (los que tienen varios colores, como el tigre y el leopardo, y los que requieren combinar técnicas, como el oso hormiguero y el armadillo). Solo con un par de agujas de tejer, hilo y este libro, los animales de los páramos helados del Antártico, de los desiertos de África y del interior remoto de Australia serán suyos.

Joanna y Sally

Oso hormiguero gigante

Los osos hormigueros están perfectamente diseñados para realizar la función que les da su nombre: con sus grandes pezuñas delanteras para deshacer las termiteras, su nariz alargada como un tubo y su lenga larga y pegajosa, en este animal se cumple la expresión «la forma sigue a la función». Aunque los osos hormigueros gigantes (como el nuestro) tienen que comer muchas hormigas para subsistir, son capaces de mover su lengua de 60 cm, aproximadamente, 150 veces por minuto para recoger su diminuto alimento.

Oso hormiguero gigante

El oso hormiguero es uno de los animales más complicados, porque se requieren varios métodos para tejerlo.

Medidas

Largo (incluyendo la cola): 33 cm
Altura (hasta la coronilla): 13 cm

Materiales

- Un par de agujas de tejer de 2 ¾ mm
- Agujas de tejer de doble punta (para sujetar los puntos) de 2 ¾ mm
- 5 g de Rowan Baby Alpaca DK en Lincoln 209 (li)
- 15 g de Rowan Baby Alpaca DK en Jacob 205 (ja)
- 35 g de Rowan Baby Alpaca DK en Cheviot 207 (ch)
- 3 limpiapipas para las patas y las pezuñas
- Una pequeña cantidad de Rowan Pure Wool de 4 dobleces en Black 404 (bl) para los ojos, la lengua y las pezuñas
- 2 cuentas negras pequeñas para representar una hormiga; aguja e hilo para coserlas

Abreviaturas

Véase pág. 172.
Véase pág. 172, Tejer con diferentes colores.
Véase pág. 172, Enrollar y girar.
Véase pág. 173, Punto bucle. Trabajar con punto bucle con dos dedos en todo este patrón.

Pata trasera derecha

Con ch, montar 7 ps.
Empezar con una fila tpd, trabajar 3 filas en pj.
Fila 4: aum, pr 5, aum (9 ps).
Fila 5: aum, 1 pb, tpd 5, 1 pb, aum (11 ps).
Fila 6: pr.
Fila 7: aum, tpd 9, aum (13 ps).
Fila 8: pr.
Fila 9: aum, 1 pb, tpd 9, 1 pb, aum (15 ps).
Fila 10: pr.
Fila 11: aum, tpd 13, aum (17 ps).
Fila 12: pr.
Fila 13: aum, 1 pb, tpd 13, 1 pb, aum (19 ps).
Fila 14: pr.
Fila 15: aum, tpd 17, aum (21 ps).
Fila 16: pr.
Fila 17: aum, 1 pb, tpd 17, 1 pb, aum (23 ps).
Fila 18: pr.
Fila 19: aum, tpd 21, aum (25 ps).
Fila 20: pr.
Fila 21: aum, 1 pb, tpd 21, 1 pb, aum (27 ps).
Fila 22: pr.
Fila 23: aum, tpd 25, aum (29 ps).
Fila 24: pr.*
Fila 25: rematar 14 ps, tpd hasta el final (sujetar 15 ps en una aguja suelta para el lado derecho del cuerpo).

Pata trasera izquierda

Trabajar como la pata trasera derecha hasta *.
Fila 25: tpd 15, rematar 14 ps (sujetar 15 ps en una aguja suelta para el lado izquierdo del cuerpo).

Pata delantera derecha

Con li, montar 7 ps.
Empezar con una fila tpd, trabajar 2 filas pj.
Añadir ja.
Fila 3: tpd.
Fila 4: aum, pr 5, aum (9 ps).
Fila 5: aum, tpd 7, aum (11 ps).
Fila 6: pr.
Añadir li.

Fila 7: aum ja, tpd 2 ja, tpd 5 li, tpd 2 ja, aum ja (13 ps).
Fila 8: pr 2 ja, pr 9 li, pr 2 ja.
Continuar con ja.
Fila 9: aum, tpd 11, aum (15 ps).
Fila 10: pr.
Fila 11: aum, 1 pb, tpd 11, 1 pb, aum (17 ps).
Fila 12: pr.
Fila 13: aum, tpd 15, aum (19 ps).
Fila 14: pr.
Fila 15: aum, 1 pb, tpd 15, 1 pb, aum (21 ps).
Fila 16: pr.
Fila 17: aum, tpd 19, aum (23 ps).
Fila 18: pr.
Fila 19: aum, 1 pb, tpd 19, 1 pb, aum (25 ps).
Fila 20: pr.**
Fila 21: rematar 12 ps, tpd hasta el final (sujetar 13 ps en una aguja suelta para el lado derecho del cuerpo).

Pata delantera izquierda

Trabajar como la pata delantera derecha hasta **.
Fila 21: tpd 13, rematar 12 ps (sujetar 13 ps en una aguja suelta para el lado izquierdo del cuerpo).

Lado derecho del cuerpo y de la cabeza

Fila 1: con li, montar 1 p, tpd 3 li, tpd 1 ja, tpd 9 ch con una aguja suelta de la pata delantera derecha, montar 6 ps ch (20 ps).
Fila 2: pr 14 ch, pr 1 ja, pr 5 li.
Fila 3: aum li, tpd 5 li, tpd 1 ja, tpd 13 ch, montar 6 ps ch (27 ps).
Fila 4: pr 18 ch, pr 1 ja, pr 8 li.
Fila 5: tpd 5 ja, tpd 4 li, tpd 1 ja, tpd 17 ch, montar 4 ps ch (31 ps).
Fila 6: pr 20 ch, pr 1 ja, pr 4 li, pr 1 ja, pr 5 ch, montar 24 ps ch (55 ps).
Fila 7: tpd 30 ch, tpd 1 ja, tpd 4 li, tpd 1 ja, tpd 19 ch, con LD de cara tpd 15 en aguja suelta de la pata trasera derecha (70 ps).
Fila 8: pr 33 ch, pr 1 ja, pr 4 li, pr 1 ja, pr 31 ch.

Formar la parte superior de la nariz

Fila 9: rematar 12 ps ch, tpd 20 ch inclpm, tpd 1 ja, tpd 4 li, tpd 1 ja, tpd 32 ch (58 ps).

Fila 10: pr2j ch, pr 29 ch, pr 1 ja, pr 4 li, pr 1 ja, pr 21 ch (57 ps).

Fila 11: rematar 6 ps ch, tpd 16 ch inclpm, tpd 1 ja, tpd 4 li, tpd 1 ja, tpd 29 ch (51 ps).

Fila 12: : pr2j ch, pr 26 ch, pr 1 ja, pr 4 li, pr 1 ja, pr 15 ch, pr2 j ch (49 ps).

Fila 13: rematar 3 ps ch, tpd 14 ch inclpm, tpd 6 ja, tpd 26 ch (46 ps).

Continuar en ch.

Fila 14: pr2j, pr 44 (45 ps).

Fila 15: tpd2j, tpd 43 (44 ps).

Fila 16: pr2j, pr 42 (43 ps).

Fila 17: tpd2j, tpd 41 (42 ps).

Fila 18: pr2j, pr 40 (41 ps).

Fila 19: rematar 4 ps, tpd hasta el final (37 ps).

Fila 20: pr2j, pr 33, pr2j (35 ps).

Fila 21: rematar 4 ps, tpd hasta el final (31 ps).

Fila 22: pr 29, pr2j (30 ps). Rematar.

Pezuñas

Se introducen limpiapipas envueltos en hilo negro para crear las características pezuñas.

Lado izquierdo del cuerpo y de la cabeza

Fila 1: con li, montar 1 p; con el LR de cara pr 3 li, pr 9 ch, pr 9 ch con una aguja suelta de la pata delantera derecha, montar 6 ps ch (20 ps).

Fila 2: tpd 14 ch, tpd 1 ja, tpd 5 li.

Fila 3: aum li, pr 5 li, pr 1 ja, pr 13 ch, montar 6 ps ch (27 ps).

Fila 4: tpd 8 ch, tpd 1 ja, tpd 8 li.

Fila 5: pr 5 ja, pr 4 li, pr 1 ja, pr 17 ch, montar 4 ps ch (31 ps).

Fila 6: tpd 20 ch, tpd 1 ja, tpd 4 li, tpd 1 ja, tpd 5 ch, montar 24 ps ch (55 ps).

Fila 7: pr 30 ch, pr 1 ja, pr 4 li, pr 1 ja, pr 19 ch, con LR de cara pr 15 ch con aguja suelta de la pata trasera izquierda (70 ps).

Fila 8: tpd 33 ch, tpd 1 ja, tpd 4 li, tpd 1 ja, tpd 31 ch.

Formar la parte superior de la nariz

Fila 9: rematar 12 ps ch, pr 20 ch inclpm, pr 1 ja, pr 4 li, pr 1 ja, pr 32 ch (58 ps).

Fila 10: tpd2j ch, tpd 29 ch, tpd 1 ja, tpd 4 li, tpd 1 ja, tpd 21 ch (57 ps).

Fila 11: rematar 6 ps ch, pr 16 ch inclpm, pr 1 ja, pr 4 li, pr 1 ja, pr 29 ch (51 ps).

Fila 12: tpd2j ch, tpd 26 ch, tpd 1 ja, tpd 4 li, tpd 1 ja, tpd 15 ch, tpd2j ch (49 ps).

Fila 13: rematar 2 ps ch, pr 14 ch inclpm, pr 6 ja, pr 26 ch (46 ps).

Continuar con ch.

Patas y cola

Los bucles de las patas se cortan, pero los de la cola no.

Fila 14: tpd2j, tpd 44 (45 ps).
Fila 15: pr2j, pr 43 (44 ps).
Fila 16: tpd2j, tpd 42 (43 ps).
Fila 17: pr2j, pr 41 (42 ps).
Fila 18: tpd2j, tpd 40 (41 ps).
Fila 19: rematar 4 ps, pr hasta el final (37 ps).
Fila 20: tpd2j, tpd 33, tpd2j (35 ps).
Fila 21: rematar 4 ps, pr hasta el final (31 ps).
Fila 22: tpd 29, tpd2j (30 ps).
Rematar.

Barriga

Con ch, montar 4 ps.
Empezar con una fila en tpd, trabajar 2 filas en pj.
Fila 3: aum, tpd 2, aum (6 ps).
Trabajar 41 filas en pj.
Añadir ja.
Trabajar 12 filas en pj.
Fila 57: tpd2j, tpd 2, tpd2j (4 ps).
Trabajar 3 filas en pj.
Fila 61: [tpd2j] dos veces (2 ps).
Fila 62: pr2j y atar.

Cola

Con ch, montar 14 ps.
Fila 1: tpd 1, 12 pb, tpd 1.
Fila 2: pr.
Fila 3: tpd.
Fila 4: pr.
Fila 5: tpd 1, 12 pb, tpd 1.
Fila 6: pr.
Rp filas 3-6, 5 veces más.
Rematar.

Oreja

(Tejer dos iguales)
Con ch, montar 2 ps.
Empezar con una fila tpd, trabajar 3 filas en pj.
Rematar.

Acabados

COSER LOS EXTREMOS Deje los extremos de la fila montada y de las filas rematadas para coserlos.
PATAS Con los LR juntos, doble la pata por la mitad. Empezando en el extremo de la pezuña, cosa las patas por el LD. Se utilizan limpiapipas para dar rigidez a las patas y poder doblarlas con la forma deseada. Doble un limpiapipas en forma de U y compare la medida con las dos patas delanteras. Corte para ajustar y deje 1,5 cm extra, aproximadamente, en ambos extremos. Serán las pezuñas que saldrán del extremo de las patas delanteras. Enrolle un poco de relleno alrededor del resto del limpiapipas e introdúzcalo en una de las patas. Repita la operación para la otra pata y las patas traseras, doblando 2 cm de limpiapipas en cada extremo para evitar que se salgan.
CUERPO Y CABEZA Con los LD juntos, cosa dos lados de la cabeza y la nariz con punto de festón. Cosa por detrás y hasta abajo.

Lengua

La lengua del oso hormiguero se confecciona con lana negra; la hormiga se representa con dos cuentas negras.

BARRIGA Sujete la barriga por detrás de las patas traseras y cosa siguiendo la línea del cuerpo hasta la parte delantera de las patas delanteras. Deje un hueco de 2,5 cm para introducir el relleno. Corte bucles en las patas.
RELLENO Empiece por la cabeza y rellene de manera que el animal quede firme; cosa el hueco.
COLA Remate la fila de la cola y sujétela al final del lomo.
OREJAS Sujete la fila montada de la oreja a un lado de la cabeza, aproximadamente a 10 cm del extremo de la nariz.
LENGUA Sujete 4 cm de lana negra al final de la nariz. Para la hormiga, cosa dos cuentas negras en el extremo de la lengua.
PEZUÑAS En las patas delanteras, envuelva con lana negra los extremos expuestos de los limpiapipas (*véase* pág. 173).
OJOS Con lana negra, cosa nudos franceses de una vuelta para los ojos, aproximadamente a 2 cm de las orejas.

Armadillo

Con su aspecto extraordinario (nariz larga, cuerpo acorazado y orejas grandes), el armadillo es uno de los más divertidos animales de la naturaleza. Se relaciona con el oso hormiguero y el perezoso, y existen diversas variedades, desde el diminuto del tamaño de una ardilla listada y de color rosa hasta el gigante del tamaño de un cerdo. Al rey Jorge II le regalaron un armadillo a modo de mascota, y lo alimentó a base de huevos duros. Flanders y Swann, un popular dúo inglés de la década de 1950, cantaban un desgarrador tema titulado *El armadillo*; trataba sobre un armadillo perdido que cantaba una canción de amor dirigida a un tanque acorazado.

Armadillo

Para el cuerpo, las patas y la cola de nuestro armadillo emplearemos diferentes puntadas.

Medidas
Largo (incluyendo la cola): 25 cm
Altura: 11 cm

Materiales
- Un par de agujas de tejer de 2 ¾ mm
- Agujas de tejer de doble punta (para sujetar los puntos y la cola) de 2 ¾ mm
- 20 g de Rowan Pure Wool de 4 dobleces en Shale 402 (sh)
- 5 g de Rowan Pure Wool de 4 dobleces en Porcelaine 451 (pr)
- 10 g de Rowan Kidsilk Haze en Smoke 605 (sm) utilizada DOBLE en todo el patrón
- Una pequeña cantidad de Rowan Pure Wool de 4 dobleces en Shell 468 (se) para la nariz
- Una pequeña cantidad de Rowan Pure Wool de 4 dobleces en Black 404 (bl) para los ojos
- 3 limpiapipas para las patas y la cola

Abreviaturas
Aum prtpd: tejer en punto revés hasta la parte delantera, tejer en punto derecho hasta la parte posterior del siguiente punto.
Aum tpdpr: tejer en punto derecho hasta la parte delantera, tejer en punto revés hasta la parte posterior del siguiente punto.
Véase también pág. 172.
Véase pág. 172, Enrollar y girar.
Véase pág. 173, Punto bucle. Trabajar con punto bucle con dos dedos en todo este patrón.

Pata trasera
(Tejer 2 iguales)
Con sh, montar 11 ps.
Empezar con fila tpd, trabajar 2 filas en pj.
Fila 3: tpd 2, tpd2j, tpd 3, tpd2j, tpd 2 (9 ps).
Fila 4: pr.
Fila 5: tpd2j, tpd 5, tpd2j (7 ps).
Fila 6: pr.
Fila 7: tpd 2, aum, tpd 1, aum, tpd 2 (9 ps).
Trabajar 3 filas en pj.
Fila 11: tpd 3, aum, tpd 1, aum, tpd 3 (11 ps).
Fila 12: pr.
Fila 13: tpd 4, aum, tpd 1, aum, tpd 4 (13 ps).
Fila 14: pr.
Fila 15: tpd 5, aum, tpd 1, aum, tpd 5 (15 ps).
Fila 16: pr.
Rematar.

Pata delantera
(Tejer 2 iguales)
Con sh, montar 9 ps.
Empezar con fila tpd, trabajar 2 filas en pj.
Fila 3: tpd 1, tpd2j, tpd 3, tpd2j, tpd 1 (7 ps).
Trabajar 3 filas en pj.
Fila 7: tpd 2, aum, tpd 1, aum, tpd 2 (9 ps).
Fila 8: pr.
Fila 9: tpd 3, aum, tpd 1, aum, tpd 23 (11 ps).
Fila 10: pr.
Fila 11: tpd 4, aum, tpd 1, aum, tpd 24 (13 ps).
Fila 12: pr.
Rematar.

Cuerpo
Con sh, montar 16 ps.
Trabajar 2 filas en punto musgo.
Fila 3: aum prtpd, p musgo 14, aum prtpd (18 ps).
Fila 4: p musgo 5, [aum prtpd] 2 veces, p musgo 4, [aum prtpd] 2 veces, p musgo 5 (22 ps).
Trabajar 2 filas en p musgo.
Fila 7: aum tpdpr, p musgo 20, aum tpdpr (24 ps).
Fila 8: p musgo 7, [aum tpdpr] 2 veces, p musgo 6, [aum tpdpr] 2 veces, p musgo 7 (28 ps).
Trabajar 2 filas en p musgo.
Fila 11: aum prtpd, p musgo 26, aum prtpd (30 ps).
Fila 12: p musgo 9, [aum prtpd] 2 veces, p musgo 8, [aum prtpd] 2 veces, p musgo 9 (34 ps).
Trabajar 4 filas en p musgo.
Fila 17: p musgo 11, [aum tpdpr] 2 veces, p musgo 8, [aum tpdpr] 2 veces, p musgo 11 (38 ps).
Trabajar 4 filas en p musgo.
Fila 22: punto derecho.
Fila 23: punto revés.
Añadir pr.
Fila 24: punto revés.
Fila 25: tpd 8, aum, tpd 6, aum, tpd 6, aum, tpd 6, aum, tpd 8 (42 ps).
Cambiar a sh.

Cuerpo
Para el armadillo utilizamos punto musgo a fin de recrear la textura de la piel, como de cuero.

Fila 26: punto derecho.
Fila 27: punto revés.
Cambiar a pr.
Fila 28: punto revés.
Fila 29: punto derecho.
Cambiar a sh.
Fila 30: punto derecho.
Fila 31: punto revés.
Cambiar a pr.
Fila 32: punto revés.
Fila 33: punto derecho.
Cambiar a sh.
Fila 34: punto derecho.
Fila 35: punto revés.
Cambiar a pr.
Fila 36: punto revés.
Fila 37: punto derecho.
Cambiar a sh.
Fila 38: tpd 15, tpd2j, tpd 8, tpd2j, tpd 15 (40 ps).
Fila 39: punto revés.
Cambiar a pr.
Fila 40: punto revés.
Fila 41: punto derecho.
Cambiar a sh.
Fila 42: tpd 14, tpd2j, tpd 8, tpd2j, tpd 14 (38 ps).
Fila 43: punto revés.
Cambiar a pr.
Fila 44: punto revés.
Fila 45: punto derecho.
Continuar con sh.
Fila 46: tpd 13, tpd2j, tpd 8, tpd2j, tpd 13 (36 ps).
Fila 47: punto revés.
Trabajar 2 filas en p musgo.
Fila 50: p musgo 10, tpd2j, pr2j, p musgo 8, tpd2j, pr2j, p musgo 10 (32 ps).
Fila 51: aum tpdpr, p musgo 30, aum tpdpr (34 ps).
Fila 52: p musgo.
Fila 53: aum prtpd, p musgo 32, aum prtpd (36 ps).
Fila 54: p musgo 11, pr2j, tpd2j, p musgo 6, pr2j, tpd2j, p musgo 11 (32 ps).
Fila 55: tpd2j, p musgo 28, pr2j (30 ps).

Fila 56: p musgo.
Fila 57: p musgo 8, tpd2j, pr2j, p musgo 6, tpd2j, pr2j, p musgo 8 (26 ps).
Fila 58: p musgo.
Fila 59: pr2j, p musgo 22, tpd2j (24 ps).
Fila 60: p musgo 6, tpd2j, pr2j, p musgo 4, tpd2j, pr2j, p musgo 6 (20 ps).
Fila 61: tpd2j, p musgo 16, pr2j (18 ps).
Fila 62: p musgo 4, pr2j, tpd2j, p musgo 2, pr2j, tpd2j, p musgo 4 (14 ps).
Fila 63: pr2j, p musgo 10, tpd2j (12 ps).
Rematar.

Cabeza

Con sh, montar 18 ps.
Empezar con fila tpd, trabajar 2 filas en pj.
Fila 3: tpd5, aum, tpd6, aum, tpd5 (20 ps).
Fila 4: punto revés.
Fila 5: tpd 15, enrollar y girar (dejar 5 ps sin trabajar en la aguja izquierda).
Fila 6: trabajar 10 ps en el centro de la parte superior de la cabeza, pr 10, eyg.
Fila 7: tpd 10, eyg.
Fila 8: pr10, eyg.
Fila 9: tpd15 (20 ps en total).
Fila 10: punto revés.
Fila 11: tpd2j, tpd 4, tpd2j, tpd 4, tpd2j, tpd4, tpd2j (16 ps).
Fila 12: punto revés.
Fila 13: tpd 4, tpd2j, tpd 4, tpd2j, tpd4 (14 ps).
Fila 14: punto revés.
Fila 15: tpd2j, tpd10, tpd2j (12 ps).
Añadir se.
Fila 16: pr 1 se, pr 10 sh, pr 1 se.
Fila 17: tpd 2 se, tpd 1 sh, tpd2j sh, tpd 2 sh, tpd2j sh, tpd 1 sh, tpd 1 se (10 ps).
Fila 18: pr 2 se, pr 6 sh, pr 2 se.
Fila 19: tpd 2 se, tpd2j se, tpd 2 sh, tpd2j se, tpd 2 se (8 ps).
Fila 20: pr 3 se, pr 2 sh, pr 3 se.
Continuar con se.
Fila 21: tpd2j, tpd 4, tpd2j (6 ps).
Fila 22: pr2j, pr 2, pr2j (4 ps).
Rematar.

Cabeza

La cabeza se teje separada y después se cose por debajo del borde delantero del cuerpo.

Cola

Las filas en punto de media inverso, en un color que contrasta, acentúan la naturaleza articulada de la cola del armadillo.

Barriga

Con sm, montar 3 ps.
Empezar con fila tpd, trabajar 2 filas en pj.
Fila 3: aum, tpd 1, aum (5 ps).
Trabajar 9 filas en pj.
Fila 13: aum, tpd 3, aum (7 ps).
Trabajar 9 filas en pj.
Fila 23: aum, tpd 5, aum (9 ps).
Trabajar 3 filas en pj.
Fila 27: tpd 1, pb 1, tpd 5, pb 1, tpd 1.
Fila 28: punto revés.
Rp filas 27-28 8 veces más.
Fila 45: tpd2j, tpd 5, tpd2j (7 ps).
Trabajar 5 filas en pj.
Fila 51: tpd 1, pb 1, tpd 3, pb 1, tpd 1.
Fila 52: punto revés.
Rp filas 51-52 una vez más.
Fila 55: tpd2j, tpd 3, tpd2j (5 ps).
Trabajar 4 filas en pj.
Fila 50: pr2j, pr 1, pr2j (3 ps).
Rematar.

Oreja

(Tejer 2 iguales)
Con sh, montar 3 ps.
Tejer 2 filas en punto derecho.
Fila 3: aum, tpd 1, aum (5 ps).
Tejer 6 filas en punto derecho.
Fila 10: tpd2j, tpd 1, tpd2j (3 ps).
Tejer 2 filas en punto derecho.
Fila 13: tpd3j y atar.

Cola

Con sh, montar 10 ps.
Emp con una fila en tpd, trabajar 4 filas en pj.
Añadir pr.
Tejer 2 filas en punto derecho.
Cambiar a sh.
Emp con una fila en tpd, trabajar 4 filas en pj.
Cambiar a pr.
Tejer 2 filas en punto derecho.
Cambiar a sh.
Emp con una fila en tpd, trabajar 4 filas en pj.
Cambiar a pr.
Tejer 2 filas en punto derecho.
Cambiar a sh.
Emp con una fila en tpd, trabajar 4 filas en pj.
Cambiar a pr.
Fila 23: tpd2j, tpd 6, tpd2j (8 ps).
Fila 24: punto derecho.
Cambiar a sh.
Emp con una fila en tpd, trabajar 4 filas en pj.
Cambiar a pr.
Fila 29: punto derecho.
Cambiar a sh.
Emp con una fila en tpd, trabajar 4 filas en pj.
Cambiar a pr.
Fila 35: punto derecho.
Cont con sh.
Emp con una fila en tpd, trabajar 4 filas en pj.
Fila 41: [tpd2j] 2 veces (2 ps).
Trabajar 2 filas en pj.
Fila 44: pr2j y atar.

Acabados

COSER LOS EXTREMOS Deje los extremos de la fila montada y de las filas rematadas para coserlos.

PATAS Con los LR juntos, doble la pata por la mitad. Empezando en el pie, cosa las patas por el LD. Deje abierta la parte superior de la pata.

CABEZA Doble la cabeza por la mitad y cosa desde la nariz siguiendo la parte inferior. Deje abierto el extremo del cuello.

BARRIGA Cosa la fila montada por la parte inferior del armadillo y la fila rematada al extremo del cuello. Cosa la barriga al cuerpo con punto colchonero, trabajando por el lado interior y a una puntada del borde del cuerpo para dejar un pequeño ribete a modo de armadura. Deje un hueco de 2,5 cm en un lado.

RELLENO Los limpiapipas sirven para dar rigidez a las patas y doblarlas según la forma deseada. Corte el largo necesario dejando 2,5 cm de más en un extremo; doble dicho extremo para evitar que el limpiapipas se salga de las pezuñas. Enrolle el limpiapipas con un poco de relleno e introdúzcalo en la pata. Deje la parte superior de la pata abierta. Rellene la cabeza empezando por la nariz; deje abierto el extremo del cuello. Rellene el cuerpo, cosa el hueco y dé forma al armadillo.

SUJETAR LA CABEZA Y LAS PATAS Empuje los limpiapipas de las patas traseras hacia la barriga. Cosa las patas a la barriga con punto de festón. Repita con las patas delanteras. Cosa el extremo abierto de la cabeza al cuerpo, por el cuello, justo por debajo de la parte delantera del cuerpo.

COLA Corte un limpiapipas 2,5 cm más largo que la cola. Enróllele un poco de relleno e introdúzcalo en la cola. Empuje el extremo que sobresale de manera que penetre en el punto donde el lomo se encuentra con la barriga. Cosa la cola al cuerpo con punto de festón.

OREJAS Cosa la fila montada de cada oreja en el punto en que cada oreja se encuentra con el cuerpo, con una puntada entre las orejas.

OJOS Con bl, cosa 2-3 nudos franceses de 3 bucles para los ojos (como se muestra en la fotografía).

Murciélago frugívoro

El murciélago frugívoro, o megamurciélago, también se conoce como zorro volador. Son animales sociables que se agrupan en las copas de los árboles, donde se acicalan, se pelean y, en verano, orinan y después se abanican con las alas para refrescarse. Esopo escribió una fábula sobre un murciélago que pierde dinero para poner en marcha un negocio. Cuando fracasa, el murciélago tiene que esconderse durante el día para evitar a los acreedores. Según Esopo, ese es el motivo por el que los murciélagos solo salen de noche.

Murciélago frugívoro

El murciélago frugívoro se teje de manera que pueda colgarse de las patas en una estantería o un sitio similar.

Medidas
Altura: 18 cm.
Envergadura: 33 cm.

Materiales
- Un par de agujas de tejer de 2 ¾ mm
- 20 g de Rowan Pure Wool de 4 dobleces en Mocha 417 (mo)
- 15 g de Rowan Kidsilk Haze en Mud 652 (mu)
Nota: en algunas partes se utiliza una hebra de mo y una de mu juntas (momu).
- 15 g de Rowan Fine Lace en Gunmetal 929 (gu)
- 3 limpiapipas para las patas
- Una pequeña cantidad de Rowan Pure Wool de 4 dobleces en Black (bl) para los ojos
- 2 cuentas negras muy pequeñas para los ojos; aguja e hilo negro para coserlas

Abreviaturas
Véase pág. 172.
Véase pág. 172, Enrollar y girar.

Espalda
Con momu, montar 6 ps.
Emp con una fila tpd, trabajar 2 filas en pj.
Fila 3: aum, tpd 4, aum (8 ps).
Fila 4: punto revés.
Fila 5: aum, tpd 6, aum (10 ps).
Fila 6: punto revés.
Fila 7: aum, tpd 8, aum (12 ps).
Fila 8: punto revés.
Trabajar 8 filas en pj.
Fila 17: aum, tpd 10, aum (14 ps).
Fila 18: punto revés.
Trabajar 8 filas en pj.
Fila 27: aum, tpd 12, aum (16 ps).
Fila 28: punto revés.
Trabajar 6 filas en pj.
Fila 35: aum, tpd 14, aum (18 ps).
Fila 36: punto revés.
Trabajar 6 filas en pj.

Dar forma a los hombros
Fila 43: rematar 7 ps, tpd hasta el final (11 ps).
Fila 44: rematar 7 ps, pr hasta el final (4 ps).
Trabajar 2 filas en pj.
Fila 47: [aum] 4 veces (8 ps).
Fila 48: pr.
Fila 49: aum, tpd 6, aum (10 ps).
Fila 50: pr.
Trabajar 6 filas en pj.
Fila 57: tpd 8, enrollar y girar (dejar 2 ps sin trabajar en la aguja izquierda).
Fila 58: trabajar 6 ps en el centro, pr 6, eyg.
Fila 59: tpd 6, eyg.
Fila 60: pr 6, eyg.
Fila 61: tpd 6, eyg.
Fila 62: pr 6, eyg.
Fila 63: tpd 8 (10 ps en total).
Fila 64: pr.
Fila 65: tpd2j, tpd 6, tpd2j (8ps).
Fila 66: punto revés.
Fila 67: punto derecho.
Fila 68: pr2j, pr 4, pr2j (6 ps).
Fila 69: punto derecho.
Fila 70: pr2j, pr 2, pr2j (4 ps).
Fila 71: punto derecho.
Fila 72: [pr2j] 2 veces (2 puntos).
Fila 73: tpd2j y atar.

Parte delantera
Con momu, montar 6 ps.
Emp con una fila tpd, trabajar 2 filas en pj.
Fila 3: aum, tpd 4, aum (8 ps).
Fila 4: punto revés.
Fila 5: aum, tpd 6, aum (10 ps).
Fila 6: punto revés.
Fila 7: aum, tpd 8, aum (12 ps).
Fila 8: punto revés.
Trabajar 8 filas en pj.
Fila 17: aum, tpd 10, aum (14 ps).
Fila 18: punto revés.
Trabajar 8 filas en pj.
Fila 27: aum, tpd 12, aum (16 ps).
Fila 28: punto revés.
Trabajar 6 filas en pj.
Fila 35: aum, tpd 14, aum (18 ps).
Fila 36: punto revés.
Trabajar 6 filas en pj.

Dar forma a los hombros
Fila 43: rematar 7 ps, tpd hasta el final (11 ps).
Fila 44: rematar 7 ps, pr hasta el final (4 ps).
Trabajar 2 filas en pj.
Fila 47: [aum] 4 veces (8 ps).
Fila 48: punto revés.
Fila 49: aum, tpd 6, aum (10 ps).
Fila 50: punto revés.
Trabajar 8 filas en pj.
Fila 59: tpd2j, tpd 6, tpd2j (8 ps).
Fila 60: punto revés.
Fila 61: tpd2j, tpd 4, tpd2j (6 ps).
Fila 62: punto revés.
Fila 63: tpd2j, tpd 2, tpd2j (4 ps).
Fila 64: punto revés.
Fila 65: [tpd2j] 2 veces (2 ps).
Fila 66: pr2j y atar.

Patas delanteras

(Tejer 2 iguales)
Con mo, montar 5 ps.
Emp con una fila tpd, trabajar 48 filas en pj.
Fila 49: tpd2j, tpd 3 (4 ps).
Trabajar 13 filas en pj.
Rematar.

Patas traseras

(Tejer 2 iguales)
Con mo, montar 5 ps.
Emp con una fila tpd, trabajar 10 filas en pj.
Rematar.

Ala derecha

Con gu, montar 40 ps.
Emp con una fila tpd, trabajar 3 filas en pj.
Fila 4: pr 38, enrollar y girar (dejar 2 ps
sin trabajar en la aguja izquierda).
Fila 5: punto derecho.
Rp filas 4-5 2 veces más.
Fila 10: pr 36, eyg (dejar 4 ps sin trabajar
en la aguja izquierda).
Fila 11: punto derecho.
Rp filas 10-11 2 veces más.
Fila 16: pr 34, eyg (dejar 6 ps sin trabajar
en la aguja izquierda).
Fila 17: punto derecho.
Rp filas 16-17 2 veces más.
Fila 22: pr 32, eyg (dejar 8 ps sin trabajar
en la aguja izquierda).
Fila 23: punto derecho.
Rp filas 22-23 2 veces más.

Cabeza

El murciélago frugívoro tiene el rostro
parecido al de un zorro; para los ojos se
utilizan unas diminutas cuentas negras.

Alas

Con los limpiapipas en las patas delanteras, podemos manipular el murciélago de manera que las alas queden cerradas o abiertas.

Fila 28: pr 30, eyg (dejar 10 ps sin trabajar en la aguja izquierda).
Fila 29: punto derecho.
Rp filas 28-29 2 veces más.
Fila 34: pr 28, eyg (dejar 12 ps sin trabajar en la aguja izquierda).
Fila 35: punto derecho.
Rp filas 34-35.
Fila 40: pr 26, eyg (dejar 14 ps sin trabajar en la aguja izquierda).
Fila 41: punto derecho.
Fila 42: pr en todos los puntos.
Rematar.

Ala izquierda

Con gu, montar 40 ps.
Emp con una fila tpd, trabajar 2 filas en pj.
Fila 3: tpd 38, enrollar y girar (dejar 2 ps sin trabajar en la aguja izquierda).
Fila 4: punto revés.
Rp filas 3-4 2 veces más.
Fila 9: tpd 36, eyg (dejar 4 ps sin trabajar en la aguja izquierda).
Fila 10: punto revés.
Rp filas 9-10 2 veces más.
Fila 15: tpd 34, eyg (dejar 6 ps sin trabajar en la aguja izquierda).
Fila 16: punto revés.
Rp filas 15-16 2 veces más.
Fila 21: tpd 32, eyg (dejar 8 ps sin trabajar en la aguja izquierda).
Fila 22: punto revés.
Rp filas 21-22 2 veces más.
Fila 27: tpd 30, eyg (dejar 10 ps sin trabajar en la aguja izquierda).
Fila 28: punto revés.
Rp filas 27-28 2 veces más.
Fila 33: tpd 28, eyg (dejar 12 ps sin trabajar en la aguja izquierda).
Fila 34: punto revés.
Rp filas 33-34 2 veces más.
Fila 39: tpd 26, eyg (dejar 14 ps sin trabajar en la aguja izquierda).
Fila 40: punto revés.
Trabajar 2 filas en pj, en todos los puntos.
Rematar.

Oreja

(Tejer 2 iguales)
Con mo, montar 4 ps.
Emp con una fila en tpd, trabajar 4 filas en pj.
Fila 5: [tpd2j] 2 veces (2 ps).
Fila 6: pr2j y atar.

Acabados

COSER LOS EXTREMOS Deje los extremos de la fila montada y las filas rematadas para coserlos.

CABEZA Con los LD juntos, cosa la parte superior de la cabeza hasta el LR y rellene de manera que quede firme.

CUERPO Con los LR juntos, cosa los hombros.

PATAS Los limpiapipas sirven para dar rigidez y forma a las patas. Deje 3 cm libres en el extremo de las pezuñas y cosa hacia arriba en torno al limpiapipas. Para las patas delanteras, utilice un limpiapipas por pata y doble los extremos entre sí dentro del cuerpo. Para las traseras, solo se necesita un limpiapipas doblado en forma de U, con los extremos de las pezuñas libres (igual que en las delanteras). Cosa las patas delanteras a los lados del cuerpo, por fuera, y sujete las traseras al final de la costura lateral dejando 2 cm entre las patas. Cosa siguiendo la parte inferior del cuerpo y hacia arriba. Deje un hueco de 2,5 cm para rellenar. Envuelva con mo los limpiapipas (las pezuñas) que sobresalen (*véase* pág. 173).

RELLENO Rellene el cuerpo de manera que quede firme y cosa el hueco.

CABEZA Cosa la barbilla a aproximadamente 1,5 cm del cuello hasta el pecho, de manera que la cara quede erguida hacia delante.

ALAS Planche las alas con un paño húmedo encima antes de coserlas. Cosa la fila rematada hasta la parte interior de las patas delanteras, donde empieza el punto (deje la pezuña libre). Cosa el borde alargado del ala siguiendo la costura lateral del cuerpo, hacia abajo, y por fuera de la pata trasera hasta donde empieza la pezuña.

OREJAS Cosa las orejas encima de la cabeza, colocadas como en la fotografía, con los LR hacia delante y 3 ps entre ellas.

OJOS Con bl, cosa 2 nudos franceses de 2 bucles situados como se ve en la fotografía, con 3 ps entre ellos. Cosa una cuenta negra sobre cada nudo.

PEZUÑAS Doble las pezuñas traseras hacia atrás para poder colgar al murciélago. Doble las pezuñas delanteras hacia delante; extienda las alas o déjelas recogidas, como prefiera.

Lémur de cola anillada

Los lémures viven únicamente en la isla de Madagascar y en las islas Comoros. Existen alrededor de cien especies, pero el nuestro es un lémur de cola anillada. Son animales sociables que viven en grupos matriarcales, y se apiñan o toman el sol juntos en función del clima. Los machos se dedican a las peleas; impregnan sus colas con su olor y las mueven ante sus oponentes. Los lémures son una especie amenazada debido a la destrucción de su hábitat y a su principal depredador, el fosa (parecido a un gato).

Lémur de cola anillada

El lémur de cola anillada
es capaz de saltar de árbol
en árbol, pero el nuestro
está de pie.

Medidas

Largo (excluyendo la cola): 16 cm.
Altura hasta la parte superior de la cabeza: 12 cm.

Materiales

- Un par de agujas de tejer de 2 ¾ mm
- Agujas de tejer de doble punta (para sujetar los puntos y la cola) de 2 ¾ mm
- 30 g de Rowan Wool Cotton en Misty 903 (my)
- 15 g de Rowan Kidsilk Haze en Anthracite 639 (an)

Nota: en algunas partes se utiliza 1 hebra de my y 1 de an juntas (myan)

- 5 g de Rowan Pure Wool de 4 dobleces en Snow 412 (sn)
- 5 g de Rowan Pure Wool de 4 dobleces en Black 404 (bl)
- Una pequeña cantidad de Rowan Pure Wool de 4 dobleces en Ochre 461 (oc) para los ojos
- 2 limpiapipas para las patas y la cola
- 2 cuentas negras muy pequeñas para los ojos; aguja e hilo negro para coserlas

Abreviaturas

Véase pág. 172.
Véase pág. 172, Tejer con diferentes colores.
Véase pág. 172, Técnica de cordón tejido.
Véase pág. 172, Enrollar y girar.

Pata trasera derecha

Con my, montar 4 ps.
Trabajar 4 filas en p de liga.
Añadir an (1 hebra) y cont con myan.
Fila 5: aum, tpd 2, aum (6 ps).
Fila 6: punto revés.
Fila 7: aum, tpd 4, aum (8 ps).
Fila 8: punto revés.
Trabajar 4 filas en pj.
Fila 13: aum, tpd 6, aum (10 ps).
Fila 14: punto revés.
Fila 15: aum, tpd 8, aum (12 ps).
Fila 16: punto revés.
Fila 17: aum, tpd 10, aum (14 ps).
Fila 18: punto revés.
Fila 19: aum, tpd 12, aum (16 ps).
Fila 20: punto revés.
Fila 21: aum, tpd 14, aum (18 ps).
Fila 22: punto revés.
Trabajar 4 filas en pj.*
Fila 17: rematar 9 ps, tpd hasta el final (sujetar 9 ps en la aguja suelta para el lado derecho del cuerpo).

Pata trasera izquierda

Tejer como la pata trasera derecha hasta *.
Fila 27: tpd 9, rematar 9 ps (sujetar 9 ps en la aguja suelta para el lado izquierdo del cuerpo).

Pezuñas

Para las pezuñas del lémur
realizamos bucles bordados.

Pata delantera derecha

Con my, montar 4 ps.
Trabajar 4 filas en punto de liga.
Añadir an (1 hebra) y cont con myan.
Fila 5: aum, tpd 2, aum (6 ps).
Fila 6: punto revés.
Fila 7: aum, tpd 4, aum (8 ps).
Trabajar 3 filas en pj.
Fila 11: aum, tpd 6, aum (10 ps).
Trabajar 13 filas en pj.**
Fila 25: rematar 5 ps, tpd hasta el final
(sujetar 5 ps en la aguja suelta para el lado
derecho del cuerpo).

Pata delantera izquierda

Tejer como la pata delantera derecha hasta **.
Fila 25: tpd 5, rematar 5 ps (sujetar 5 ps en la
aguja suelta para el lado izquierdo del cuerpo).

Lado derecho del cuerpo

Con myan, montar 1 p, con los LD juntos, tpd 5
en la aguja suelta de la parte delantera derecha;
a continuación montar 6 ps (12 ps).
Fila 2: punto revés.
Fila 3: tpd 12, montar 6 ps (18 ps).
Fila 4: punto revés.
Fila 5: tpd 18, montar 4 ps, tpd 9 en la aguja
suelta de la pata trasera derecha (31 ps).
Trabajar 6 filas en pj.
Fila 12: pr2j, pr 29 (30 ps).
Fila 13: punto derecho.
Fila 14: pr2j, pr 28 (29 ps).
Fila 15: tpd 27, tpd2j (28 ps).
Fila 16: rematar 21 ps, pr hasta el final
(sujetar 7 ps en la aguja suelta para el cuello).

Lado izquierdo del cuerpo

Con myan, montar 1 p.
Con los LR juntos, tpd 5 en la aguja suelta de
la pata delantera izquierda; a continuación
montar 6 ps (12 ps).
Fila 2: punto derecho.
Fila 3: pr 12, montar 6 ps (18 ps).
Fila 4: punto derecho.

Fila 5: pr 18, montar 4 ps, pr 9 en la aguja
suelta de la pata trasera izquierda (31 ps).
Trabajar 6 filas en pj.
Fila 12: tpd2j, tpd 29 (30 ps).
Fila 13: punto revés.
Fila 14: tpd2j, tpd 28 (29 ps).
Fila 15: pr 27, pr2j (28 ps).
Fila 16: rematar 21 ps, tpd hasta el final
(sujetar 7 ps en la aguja suelta para el cuello).

Cuello y cabeza

Con myan y los LD juntos, tpd 7 para el
cuello con la aguja suelta del lado derecho
del cuerpo; a continuación, tpd 7 con la aguja
suelta del lado izquierdo del cuerpo (14 ps).
Fila 2: pr 6, pr2j, pr 6 (13 ps).
Fila 3: tpd 11, enrollar y girar (dejar 2 ps
sin trabajar en la aguja izquierda).
Fila 4: en el centro de la parte superior
de la cabeza, 9 ps, pr 9, eyg.
Fila 5: tpd 9, eyg.
Fila 6: pr 9, eyg.
Fila 7: punto derecho en todos los puntos
(13 ps en total).
Fila 8: punto revés.
Fila 9: tpd 10, enrollar y girar (dejar 3 ps sin
trabajar en la aguja izquierda).
Fila 10: trabajar en el centro, solo 7 ps, pr 7,
eyg.
Fila 11: tpd 7, eyg.
Fila 12: pr 7, eyg.
Fila 13: tpd 10 (13 ps en total).
Añadir bl y sn.
Fila 14: pr 3 sn, pr 2 bl, pr 3 sn, pr 2 bl, pr 3 sn.
Fila 15: tpd2j, tpd 1 sn, tpd 2 bl, tpd 3 sn, tpd 2
bl, tpd 1 sn, tpd2j sn (11 ps).
Fila 16: pr 2 sn, pr 2 bl, pr 3 sn, pr 2 bl, pr 2 sn.
Fila 17: tpd2j, tpd 1 sn, tpd 2 bl, tpd 1 sn, tpd 2
bl, tpd 1 sn, tpd2j sn (9 ps).
Fila 18: pr 9 sn.
Fila 19: tpd 1 sn, tpd2j sn, tpd 3 bl, tpd2j sn,
td 1 sn (7 ps).
Fila 20: pr 2 sn, pr 3 bl, pr 2 sn.
Fila 21: tpd2j sn, tpd 3 bl, tpd2j sn (5 ps).

Fila 22: pr2j sn, pr 1 bl, pr2j sn (3 ps).
Fila 23: tpd3j sn y atar.

Barriga

Con myan, montar 1 p.
Fila 1: aum (2 ps).
Fila 2: punto revés.
Fila 3: [aum] 2 veces (4 ps).
Fila 4: punto revés.
Fila 5: aum, tpd 2, aum (6 ps).
Fila 6: aum, pr 4, aum (8 ps).
Fila 7: punto derecho.
Trabajar 55 filas en pj.
Cont con sn.
Fila 63: tpd2j, tpd 4, tpd2j (6 ps).
Fila 64: punto revés.
Trabajar 14 filas en pj.
Fila 79: tpd2j, tpd 2, tpd2j (4 ps).

Cabeza

Utilice un poco de hilo de color óxido para realizar un nudo francés con una cuenta negra encima; serán los característicos ojos del lémur.

Fila 80: punto revés.
Trabajar 9 filas en pj.
Fila 90: [tpd2j] 2 veces (2 ps).
Fila 91: pr2j y atar.

Parte delantera de la oreja

(Tejer 2 iguales)
Con myan, montar 4 ps.
Emp con una fila en tpd, trabajar 3 filas en pj.
Fila 4: [pr2j] 2 veces (2 ps).
Fila 5: tpd2j y atar.

Parte trasera de la oreja

(Tejer 2 iguales)
Con sn, montar 4 ps.
Emp con una fila en tpd, trabajar 4 filas en pj.
Fila 5: tpd2j, tpd 1, tpd2j (3 ps).
Fila 6: punto revés.
Fila 7: tpd3j y atar.

Cola

Con dos agujas de doble punta y bl, montar 6 ps.
Trabajar en cordón tejido como sigue:
Filas 1-2: tejer con bl.
Filas 3-4: tejer con sn.
Rp filas 1-4 14 veces más.
Fila 61: tpd 2 bl, tpd2j bl, tpd 2 bl (5 ps).
Fila 62: tejer con bl.
Filas 63-64: tejer con sn.
Filas 65-66: tejer con bl.
Rematar con bl.

Acabados

COSER LOS EXTREMOS Deje los extremos de la fila montada y las filas rematadas para coserlos.

CUERPO Con los LD juntos, cosa con punto colchonero o de festón siguiendo la línea del lomo.

BARRIGA Con punto colchonero o de festón, cosa la línea montada de la barriga hasta la base de la parte inferior, justo por detrás de las patas traseras. Cosa la fila rematada hasta la nariz. Afloje y cosa la barriga de manera que se ajuste bien al cuerpo. Deje un hueco de 2,5 cm a un lado. Gire hacia fuera los LD.

PATAS Con my, realice 4 bucles de 2 cm de largo al final de cada pezuña. Doble la pata por la mitad, empezando por la pezuña, y cosa hacia arriba y por fuera con punto festón o colchonero. Corte un limpiapipas de manera que se ajuste al largo de la pata, dejando 2,5 cm de más en ambos extremos. Estos extremos se doblan para evitar que se salgan de las pezuñas. Cubra el limpiapipas con un poco de relleno enrollado e introdúzcalo en la pata; rellene ligeramente cada pata.

RELLENO Empiece por la cabeza. Rellene el cuerpo de manera que quede firme y cosa el hueco con punto colchonero. Dé forma al cuerpo.

COLA Corte un limpiapipas de manera que quede 3 cm más largo, aproximadamente, que la cola; introdúzcalo en la cola, empuje el otro extremo en el trasero del animal y cosa.

OREJAS Cosa las partes delanteras de las orejas a las traseras de manera que se vea la lana blanca. Cosa la fila rematada de las orejas a los lados de la cabeza, en un ángulo ligeramente descendente hacia atrás, dejando 4 ps entre las orejas.

OJOS Con oc, cosa nudos franceses de 3 bucles, como se muestra en la fotografía, y una pequeña cuenta negra en el centro.

NARIZ Con bl, borde la nariz utilizando 2 puntadas satinadas.

Oso pardo

El oso salvaje reina desde su cueva y come de todo, desde bayas hasta ganado. Por suerte, el acoso y la tortura de osos, una actividad brutal y exhibicionista, ya no existen en Inglaterra. El oso de peluche es un juguete muy apreciado que simboliza seguridad. Muchos libros infantiles están protagonizados por osos, siempre muy benevolentes: Baloo en *El libro de la selva*; *El osito Rupert*, que en un principio era pardo pero después pasó a ser blanco para ahorrar en impresión; el oso Paddington, y Winnie the Pooh, por ejemplo.

Oso pardo

Adorable pero también imponente, este oso es uno de los animales más sencillos de tejer.

Medidas
Longitud: 25 cm.
Altura hasta la parte superior de la cabeza: 14 cm.

Materiales
- Un par de agujas de tejer de 3 ¼ mm
- Agujas de tejer de doble punta (para sujetar los puntos) de 3 ¼ mm
- 30 g de Rowan Kid Classic en Bear 817 (be)
- Una pequeña cantidad de Rowan Pure Wool de 4 dobleces en Black 404 (bl) para los ojos, la nariz y las pezuñas
- 2 limpiapipas para las patas

Abreviaturas
Véase pág. 172.
Véase pág. 172, Filas cortas.
NOTA: este animal no tiene cola.

Pata trasera derecha
Con be, montar 13 ps.
Emp con una fila en tpd, trabajar 2 filas en pj.
Fila 3: aum, tpd 3, tpd2j, tpd 1, tpd2j, tpd 3, aum (13 ps).
Fila 4: punto revés.
Rp filas 3-4 2 veces más.
Fila 9: tpd2j, tpd 9, tpd2j (11 ps).
Trabajar 3 filas en pj.
Fila 13: aum, tpd 9, aum (13 ps).
Trabajar 3 filas en pj.
Fila 17: tpd 5, aum, tpd 1, aum, tpd 5 (15 ps).
Fila 18: punto revés.
Fila 19: tpd 6, aum, tpd 1, aum, tpd 6 (17 ps).
Fila 20: punto revés.*
Fila 21: tpd 7, aum, tpd 1, aum, tpd 3, aum, tpd 3 (20 ps).
Fila 22: punto revés.
Fila 23: tpd 8, aum, tpd 1, aum, tpd 9 (22 ps).
Fila 24: punto revés.
Fila 25: tpd 9, aum, tpd 1, aum, tpd 4, aum, tpd 5 (25 ps).
Fila 26: punto revés.
Fila 27: rematar 11 ps, tpd hasta el final (sujetar 14 ps en la aguja suelta para el lado derecho del cuerpo).

Pata trasera izquierda
Trabajar como pata trasera derecha hasta *.
Fila 21: tpd 3, aum, tpd 3, aum, tpd 1, aum, tpd 7 (20 ps).
Fila 22: punto revés.
Fila 23: tpd 9, aum, tpd 1, aum, tpd 8 (22 ps).
Fila 24: punto revés.
Fila 25: tpd 5, aum, tpd 4, aum, tpd 1, aum, tpd 9 (25 ps).
Fila 26: punto revés.
Fila 27: tpd 14, rematar 11 ps (sujetar 14 ps en la aguja suelta para el lado izquierdo del cuerpo).

Pata delantera derecha
Con be, montar 13 ps.
Emp con una fila en tpd, trabajar 2 filas en pj.

Fila 3: aum, tpd 3, tpd2j, tpd 1, tpd2j, tpd 3, aum (13 ps).
Fila 4: punto revés.
Rp filas 3-4 1 vez más.
Fila 7: tpd2j, tpd 9, tpd2j (11 ps).
Trabajar 3 filas en pj.
Fila 11: aum, tpd 9, aum (13 ps).
Fila 12: punto revés.
Fila 13: aum, tpd 11, aum (15 ps).
Trabajar 5 filas en pj.
Fila 19: aum, tpd 13, aum (17 ps).
Trabajar 5 filas en pj.**
Fila 25: rematar 8 ps, tpd hasta el final (sujetar 9 ps en la aguja suelta para el lado derecho del cuerpo).

Pata delantera izquierda
Tejer como la pata delantera derecha hasta **.
Fila 25: tpd 9, rematar 8 ps (sujetar 9 ps en la aguja suelta para el lado izquierdo del cuerpo).

Lado derecho del cuerpo y de la cabeza
Fila 1: con be, montar 1 p; con los LD juntos, tpd 9 en la aguja suelta de la pata delantera derecha, montar 5 ps (15 ps).
Fila 2: punto revés.
Fila 3: aum, tpd 14, montar 5 ps (21 ps).
Fila 4: punto revés.
Fila 5: aum, tpd 20, montar 3 ps, con los LD juntos tpd 14 en la aguja suelta para la pata trasera derecha, montar 2 ps (41 ps).
Fila 6: punto revés.
Fila 7: aum, tpd 31, aum, tpd 3, aum, tpd 4 (44 ps).
Fila 8: punto revés.
Fila 9: aum, tpd 43 (45 ps).

Dar forma a la cabeza
Fila 10: pr 45, montar 12 ps (57 ps).
Fila 11: tpd 46, aum, tpd 5, aum, tpd 4 (59 ps).
Fila 12: pr 48, aum, pr 1, aum, pr 8 (61 ps).
Fila 13: punto derecho.
Fila 14: pr 48, aum, pr 1, aum, pr 1, aum, pr 8 (64 ps).

Fila 15: rematar 5 ps, tpd 46 inclpm, aum, tpd 7, aum, tpd 2, tpd2j (60 ps).

Fila 16: pr2j, pr 48, aum, pr 2, aum, pr 2, aum, pr 1, pr2j (61 ps).

Fila 17: rematar 2 ps, tpd hasta el final (59 ps).

Fila 18: pr2j, pr 47, pr2j, pr 6, pr2j (56 ps).

Fila 19: tpd 45, tpd2j, tpd 7, tpd2j (54 ps).

Fila 20: pr2j, pr 43, pr2j, pr 5, pr2j (51 ps).

Fila 21: tpd 5, tpd2j, tpd 35, tpd2j, tpd 5, tpd2j (48 ps).

Fila 22: pr2j, pr 34, pr2j, pr 3, pr2j, pr 3, pr2j (44 ps).

Fila 23: rematar 10 ps, tpd 8 inclpm (sujetar estos 8 ps en una aguja suelta), rematar 7 ps, tpd 12 inclpm, tpd2j, tpd3, tpd2j (25 ps).

Fila 24: trabajar solamente en 17 ps, pr2j, pr 13, pr2j (15 ps).

Fila 25: tpd2j, tpd 11, tpd2j (13 ps).

Fila 26: pr2j, pr 9, pr2j (11 ps).

Fila 27: rematar 5 ps, tpd 4 inclpm, tpd2j (5 ps).

Rematar.

Siguiente fila: trabajar en los 8 ps restantes, volver a juntar el hilo, pr2j, pr 4, pr2j (6 ps).

Siguiente fila: tpd2j, tpd 2, tpd2j (4 ps).

Rematar.

Lado izquierdo del cuerpo y de la cabeza

Fila 1: con be, montar 1 ps; con los LR juntos pr 9 en una aguja suelta para la pata delantera izquierda, montar 5 ps (15 ps).

Fila 2: punto derecho.

Fila 3: aum, pr 14, montar 5 ps (21 ps).

Fila 4: punto derecho.

Fila 5: aum, pr 20, montar 3 ps, con LR juntos pr en una aguja suelta para la pata trasera izquierda, montar 2 ps (41 ps).

Fila 6: punto derecho.

Fila 7: aum, pr 31, aum, pr 3, aum, pr 4 (44 ps).

Fila 8: punto derecho.

Fila 9: aum, pr 43 (45 ps).

Dar forma a la cabeza

Cuerpo

Rellene el oso de manera que quede firme y se realce su cuerpo voluminoso y musculoso.

Fila 10: tpd 45, montar 12 punto (57 ps).
Fila 11: pr 46, aum, pr 5, aum, pr 4 (59 ps).
Fila 12: tpd 48, aum, tpd 1, aum, tpd 8 (61 ps).
Fila 13: punto revés.
Fila 14: tpd 48, aum, tpd 1, aum, tpd 1, aum, tpd 8 (64 ps).
Fila 15: rematar 5 ps, pr 46 inclpm, aum, pr 7, aum, pr 2, pr2j (60 ps).
Fila 16: tpd2j, tpd 48, aum, tpd 2, aum, tpd 2, aum, tpd 1, tpd2j (61 ps).
Fila 17: rematar 2 ps, pr hasta el final (59 ps).
Fila 18: tpd2j, tpd 47, tpd2j, tpd 6, tpd2j (56 ps).
Fila 19: pr 45, pr2j, pr 7, pr2j (54 ps).
Fila 20: tpd2j, tpd 43, tpd2j, tpd 5, tpd2j (51 ps).
Fila 21: pr 5, pr2j, pr 35, pr2j, pr5, pr2j (48 ps).
Fila 22: tpd2j, tpd 34, tpd2j, tpd 3, tpd2j, tpd 3, tpd2j (44 ps).
Fila 23: rematar 10 ps, pr 8 inclpm (sujetar estos 8 ps en una aguja suelta), rematar 7 ps, pr 12 inclpm, pr2j, pr 3, pr2j (25 ps).
Fila 24: trabajar solamente 17 ps, tpd2j, tpd 13, tpd2j (15 ps).
Fila 25: pr2j, pr 11, pr2j (13 ps).
Fila 26: tpd2j, tpd 9, tpd2j (11 ps).
Fila 27: rematar 5 ps, pr 4 inclpm, pr2j (5 ps).
Rematar.
Siguiente fila: trabajar en los 8 ps restantes, volver a juntar el hilo, tpd2j, tpd4, tpd2j (6 ps).
Siguiente fila: pr2j, pr 2, pr2j (4 ps).
Rematar.

Barriga

Con be, montar 10 ps.
Emp con una fila en tpd, trabajar 2 filas en pj.
Fila 3: tpd2j, tpd 6, tpd2j (8 ps).
Fila 4: pr2j, pr 4, pr2j (6 ps).
Trabajar 12 filas en pj.
Fila 17: aum, tpd 4, aum (8 ps).
Fila 18: aum, pr 6, aum (10 ps).
Trabajar 20 filas en pj.
Fila 39: tpd2j, tpd 6, tpd2j (8 ps).
Fila 40: pr2j, pr 4, pr2j (6 ps).
Trabajar 5 filas en pj.
Fila 46: aum, tpd 6, aum (10 ps).

Trabajar 9 filas en pj.
Fila 57: tpd 1, tpd2j, tpd 4, tpd2j, tpd 1 (8 ps).
Trabajar 7 filas en pj.
Fila 65: tpd 1, tpd2j, tpd 2, tpd2j, tpd 1 (6 ps).
Trabajar 3 filas en pj.
Fila 69: tpd 1, [tpd2j] 2 veces, tpd 1 (4 ps).
Trabajar 6 filas en pj.
Rematar.

Oreja

(Tejer 2 iguales).
Con be, montar 5 ps.
Emp con una fila en tpd, trabajar 4 filas en pj.
Fila 5: tpd2j, tpd 1, tpd2j (3 ps).
Fila 6: pr3j y atar.

Cabeza

La cabeza debe quedar lisa; es preciso hacer que coincidan los puntos de los lados izquierdo y derecho del cuerpo y de la cabeza.

Acabados

COSER LOS EXTREMOS Deje los extremos de la fila montada y las filas rematadas para coserlos.

PATAS Con los LR juntos, doble la pata por la mitad. Empiece en la pezuña y cosa hacia arriba por el LD.

CABEZA Y CUERPO Con los LD juntos, cosa los dos lados de la cabeza y el hocico juntos con punto de festón. Cosa siguiendo el lomo hasta el trasero, que se cose alrededor.

BARRIGA Cosa la fila montada de la barriga hasta la parte inferior del trasero del oso (donde empiezan las patas); cosa la fila rematada hasta la barbilla. Afloje y cosa la barriga de manera que se ajuste al cuerpo y que coincidan las curvas de la barriga con las patas. Deje un hueco de 2,5 cm entre las patas traseras y delanteras, a un lado.

RELLENO Se utilizan limpiapipas para dar rigidez a las patas y doblarlas con facilidad según la forma deseada. Doble un limpiapipas en forma de U y mídalo comparándolo con las dos patas delanteras. Córtelo de manera que encaje, pero deje 2,5 cm de más en ambos extremos. Doble dichos extremos para evitar que el limpiapipas se salga por las pezuñas. Enrolle un poco de relleno alrededor del limpiapipas e introdúzcalo en el cuerpo (un extremo hasta cada pata delantera). Repita con el segundo limpiapipas y las patas traseras. Empiece a rellenar el oso por la cabeza y cosa el hueco. Dé forma al cuerpo.

OREJAS Cosa al cuerpo la fila montada de cada oreja, con el pj inv mirando hacia delante y 10 filas entre las orejas.

OJOS Con bl, cosa nudos franceses de 2 bucles situados como se observa en la fotografía.

HOCICO Con bl, borde la nariz con puntada satinada.

PEZUÑAS Con bl, realice 3 puntadas satinadas en la punta de cada pezuña.

Lobo

Ancestro del perro y, por tanto, animal muy próximo a nosotros, los humanos, el lobo es un gran cazador y muy protector con su familia. Entre los lobos de ficción famosos se encuentran Colmillo Blanco (un cruce entre lobo y perro), protagonista de la novela de Jack London; los lobos grandes y malvados de *Caperucita Roja* y de *Los tres cerditos*; los que aparecen en Drácula y nuestro libro infantil favorito, *Los lobos de Willoughby Chase*, de Joan Aiken. Los lobos no siempre aparecen como criaturas crueles: según la mitología romana, Rómulo y Remo (los fundadores de Roma) fueron criados por una loba. En la mitología japonesa, el lobo es casi un dios.

Lobo

Similar a un perro, este lobo resultará muy fácil de tejer para quienes ya conocen nuestros libros anteriores.

Medidas

Longitud: 23 cm.
Altura hasta la parte superior de la cabeza: 18 cm.

Materiales

- Un par de agujas de tejer de 2 ¾ mm
- Agujas de tejer de doble punta (para sujetar los puntos) de 2 ¾ mm
- 15 g de Rowan Kidsilk Haze en Cream 634 (cr), DOBLE en todo el patrón
- 15 g de Rowan Fine Tweed en Buckdean 364 (bu)
- 10 g de Rowan Fine Tweed en Malham 366 (ma)
- Una pequeña cantidad de Rowan Pure Wool de 4 dobleces en Black 404 (bl) para la nariz
- Una pequeña cantidad de Rowan Pure Wool de 4 dobleces en Mocha 417 (mo) para los ojos
- 2 limpiapipas para las patas
- Aguja de ganchillo para los mechones de las orejas

Abreviaturas

Véase pág. 172.
Véase pág. 172, Tejer con diferentes colores.
Véase pág. 172, Enrollar y girar.
Véase pág. 173, Punto bucle. Trabajar con punto bucle con 1 dedo en todo el patrón.

Pata trasera derecha

Con cr, montar 11 ps.
Emp con una fila en tpd, trabajar 2 filas en pj.
Fila 3: aum, tpd 2, tpd2j, tpd 1, tpd2j, tpd 2, aum (11 ps).
Fila 4: punto revés.
Fila 5: tpd 3, tpd2j, tpd 1, tpd2j, tpd3 (9 ps).
Fila 6: punto revés.
Fila 7: tpd 2, tpd2j, tpd 1, tpd2j, tpd 2* (7 ps).
Trabajar 7 filas en pj.
Fila 15: aum, tpd 1, aum, tpd 1, aum, tpd 1, aum (11 ps).
Fila 16: punto revés.
Fila 17: tpd2j, tpd 2, aum, tpd 1, aum, tpd 2, tpd2j (11 ps).
Fila 18: punto revés.
Fila 19: tpd 4, aum, tpd 1, aum, tpd 4 (13 ps).
Fila 20: punto revés.
Añadir bu.**
Fila 21: tpd cr, aum cr, tpd 1 cr, aum cr, tpd 3 cr, tpd 2 bu (15 ps).
Fila 22: pr 3 bu, pr 12 cr.
Fila 23: tpd 6 cr, aum cr, tpd 1 cr, aum cr, tpd 2 cr, tpd 4 bu (17 ps).
Fila 24: pr 6 bu, pr 11 cr.
Fila 25: tpd 7 cr, aum cr, tpd 1 cr, aum cr, tpd 7 bu (19 ps).
Fila 26: pr 8 bu, pr 11 cr.
Fila 27: tpd 8 cr, aum cr, tpd 1 cr, aum cr, tpd 8 bu (21 ps).
Fila 28: pr 9 bu, pr 12 cr.
Fila 29: tpd 12 cr, tpd 9 bu.
Fila 30: pr bu, pr 12 cr.
Fila 31: rematar 10 ps cr, tpd 2 cr inclpm, tpd 9 bu (sujetar 11 ps en la aguja suelta para el lado derecho del cuerpo).

Pata trasera izquierda

Tejer como la pata trasera derecha hasta **.
Fila 21: tpd 2 bu, tpd 3 cr, aum cr, tpd 1 cr, aum cr, tpd 5 cr (15 ps).
Fila 22: pr 12 cr, pr 3 bu.
Fila 23: tpd 4 bu, tpd 2 cr, aum cr, tpd 1 cr, aum cr, tpd 6 cr (17 ps).

Fila 24: pr 11 cr, pr 6 bu.
Fila 25: tpd 7 bu, aum cr, tpd 1 cr, aum cr, tpd 7 cr (19 ps).
Fila 26: pr 11 cr, pr 8 bu.
Fila 27: tpd 8 bu, aum cr, tpd 1 cr, aum cr, tpd 8 cr (21 ps).
Fila 28: pr 12 cr, pr 9 bu.
Fila 29: tpd 9 bu, tpd 12 cr.
Fila 30: pr 12 cr, pr 9 bu.
Fila 31: tpd 9 bu, tpd 2 cr, rematar 10 ps cr (sujetar 11 ps en la aguja suelta para el lado izquierdo del cuerpo).

Pata delantera derecha

Trabajar como la pata trasera derecha hasta *.
Trabajar 9 filas en pj.
Fila 17: aum, tpd 5, aum (9 ps).
Trabajar 5 filas en pj.
Fila 23: aum, tpd 7, aum (11 ps).
Fila 24: punto revés.***
Fila 25: rematar 5 ps, tpd hasta el final (sujetar 6 ps en la aguja suelta para el lado derecho del cuerpo).

Pata delantera izquierda

Trabajar como la pata delantera derecha hasta ***.
Fila 25: tpd 6, rematar 5 ps (sujetar 6 ps en la aguja suelta para el lado izquierdo del cuerpo).

Patas

Rellene las patas de manera que queden firmes y el lobo se mantenga de pie.

Lado derecho del cuerpo

Fila 1: con cr, montar 1 p, con los LD juntos tpd 6 con la aguja suelta de la pata delantera derecha, montar 9 ps (16 ps).

Fila 2: punto revés.

Fila 3: aum, tpd 15, montar 5 ps (22 ps).

Fila 4: punto revés.

Fila 5: aum, tpd 21, montar 4 ps (27 ps).

Fila 6: punto revés.

Añadir bu.

Fila 7: aum cr, tpd 26 cr, montar 2 ps cr, con los LD juntos tpd 2 cr, tpd 9 bu con la aguja suelta para la pata trasera derecha, montar 2 ps bu (43 ps).

Fila 8: pr 10 bu, pr 19 cr, pr 3 bu, pr 11 cr.

Fila 9: aum cr, tpd 9 cr, tpd 6 bu, tpd 17 cr, tpd 10 bu (44 ps).

Fila 10: pr 1 bu, pr 14 cr, pr 9 bu, pr 10 cr.

Fila 11: tpd 9 cr, tpd 11 bu, tpd 12 cr, tpd 12 bu.

Fila 12: pr 13 bu, pr 11 cr, pr 11 bu, pr 9 cr.

Fila 13: tpd 3 bu, tpd 6 cr, tpd 12 bu, tpd 10 cr, tpd 13 bu.

Fila 14: pr 14 bu, pr 8 cr, pr 13 bu, pr 5 cr, pr 4 bu.

Fila 15: tpd 5 bu, tpd 3 cr, tpd 16 bu, tpd 4 cr, tpd 16 bu.

Añadir ma.

Fila 16: pr 17 bu, pr 2 cr, pr 9 bu, pr 2 ma, pr 14 bu.

Fila 17: tpd 4 bu, tpd 3 ma, tpd 7 bu, tpd 3 ma, tpd 27 bu.

Fila 18: pr 26 bu, pr 3 ma, pr 7 bu, pr 3 ma, pr 3 bu, pr 2 ma.

Fila 19: tpd 3 ma, tpd 3 bu, tpd 3 ma, tpd 6 bu, tpd 3 ma, tpd 26 bu.

Fila 20: pr 25 bu, pr 3 ma, pr 7 bu, pr 2 ma, pr 3 bu, pr 2 ma, pr 2 bu.

Fila 21: tpd 3 bu, tpd 2 ma, tpd 3 bu, tpd 1 ma, tpd 7 bu, tpd 3 ma, tpd 8 bu, tpd 2 ma, tpd 13 bu, tpd2j bu (43 ps).

Fila 22: pr2j bu, pr 11 bu, pr 4 ma, pr 6 bu, pr 5 ma, pr 5 bu, pr 2 ma, pr 2 bu, pr 2 ma, pr 4 bu (42 ps).

Fila 23: tpd 5 bu, tpd 16 ma, tpd 3 bu, tpd 4 ma, tpd 12 bu, tpd2j bu (41 ps).

Fila 24: rematar 12 ps bu, 4 ps ma, 3 ps bu, 11 ps ma, pr 6 ma inclpm, pr 5 bu (sujetar 11 ps en la aguja suelta para el cuello).

Lado izquierdo del cuerpo

Fila 1: con cr, montar 1 p, con los LR juntos pr 6 con la aguja suelta para la pata delantera izquierda, montar 9 ps (16 ps).

Fila 2: punto derecho.

Fila 3: aum, pr 15, montar 5 ps (22 ps).

Fila 4: punto derecho.

Fila 5: aum, pr 21, montar 4 ps (27 ps).

Fila 6: punto derecho.

Añadir bu.

Fila 7: aum cr, pr 26 cr, montar 2 ps cr, con los LR juntos pr 2 cr, pr 9 bu con la aguja suelta para la pata trasera izquierda, montar 2 ps bu (43 ps).

Fila 8: tpd 10 bu, tpd 19 cr, tpd 3 bu, tpd 11 cr.

Fila 9: aum cr, pr 9 cr, pr 6 bu, p17 cr, pr 10 bu (44 ps).

Fila 10: tpd 11 bu, tpd 14 cr, tpd 9 bu, tpd 10 cr.

Fila 11: pr 9 cr, pr 11 bu, pr 12 cr, pr 12 bu.

Fila 12: tpd 13 bu, tpd 11 cr, tpd 11 bu, tpd 9 cr.

Fila 13: pr 3 bu, pr 6 cr, pr 12 bu, pr 10 cr, pr 13 bu.

Fila 14: tpd 14 bu, tpd 8 cr, tpd 13 bu, tpd 5 cr, tpd 4 bu.

Fila 15: pr 5 bu, pr 3 cr, pr 16 bu, pr 4 cr, pr 16 bu.

Añadir ma.

Fila 16: tpd 17 bu, tpd 2 cr, tpd 9 bu, tpd 2 ma, tpd 14 bu.

Fila 18: tpd 26 bu, tpd 3 ma, tpd 7 bu, tpd 3 ma, tpd 3 bu, tpd 2 ma.

Fila 19: pr 3 ma, pr 3 bu, pr 3 ma, pr 6 bu, pr 3 ma, pr 26 bu.

Fila 20: tpd 25 bu, tpd 3 ma, tpd 7 bu, tpd 2 ma, tpd 3 bu, tpd 2 ma, tpd 2 bu.

Fila 21: pr 3 bu, pr 2 ma, pr 3 bu, pr 1 ma, pr 7 bu, pr 3 ma, pr 8 bu, pr 2 ma, pr 13 bu, pr2j bu (43 ps).

Fila 22: tpd2j bu, tpd 11 bu, tpd 4 ma, tpd 6 bu, tpd 5 ma, tpd 5 bu, tpd 2 ma, tpd 2 bu, tpd 2 ma, tpd 4 bu (42 ps).

Fila 23: pr 5 bu, pr 16 ma, pr 3 bu, pr 4 ma, pr 12 bu, pr2j bu (41 ps).

Fila 24: rematar 12 ps bu, 4 ps ma, 3 ps bu, 11 ps ma, tpd 6 ma inclpm, tpd 5 bu (sujetar 11 ps en la aguja suelta para el cuello).

Cuello y cabeza

Fila 1: con bu y ma, y con los LD juntos, tpd 5 bu, tpd 6 ma con la aguja suelta para el lado izquierdo del cuerpo, tpd 6 ma, tpd 5 bu con la aguja suelta para el lado izquierdo del cuerpo (22 ps).

Fila 2: pr 5 bu, pr 12 ma, pr 5 bu.

Fila 3: tpd 3 bu, tpd 2 ma, tpd2j ma, tpd 8 ma, tpd2j ma, tpd 2 ma, tpd 3 bu (20 ps).

Fila 4: pr 2 bu, pr 16 ma, pr 2 bu.

Fila 5: tpd 2 bu, tpd 3 ma, tpd2j ma, tpd 6 ma, tpd2j ma, tpd 3 ma, tpd 2 bu (18 ps).

Fila 6: pr 2 bu, pr 14 ma, pr 2 bu.

Fila 7: tpd 2 bu, tpd 13 ma, enrollar y girar (dejar 3 ps sin tejer en la aguja izquierda).

Fila 8: en el centro de la parte superior de la cabeza 12 ps, pr 12 ma, eyg.

Fila 9: tpd 12 ma, eyg.

Fila 10: pr 12 ma, eyg.

Rp filas 9-10 1 vez más.

Fila 13: tpd 13 ma, tpd 2 bu (18 ps en total).

Fila 14: pr 3 bu, pr 12 ma, pr 3 bu.

Fila 15: tpd 2 cr, tpd 2 bu, tpd 10 ma, tpd 2 bu, tpd 2 cr.

Fila 16: pr 3 cr, pr 1 bu, pr 10 ma, pr 1 bu, pr 3 cr.

Fila 17: tpd 3 cr, tpd 1 bu, tpd 10 ma, tpd 1 bu, eyg (dejar 3 ps sin tejer en la aguja izquierda).

Fila 18: en el centro de la parte superior de la cabeza, 12 ps, pr 1 cr, pr 10 ma, pr 1 cr, eyg.

Fila 19: tpd 1 cr, tpd 10 ma, tpd 1 cr, eyg.

Rp filas 18-19 1 vez más.

Fila 22: pr 2 cr, pr 8 ma, pr 2 cr, eyg.

Fila 23: tpd 2 cr, tpd 8 ma, tpd 5 cr (18 ps en total).

Fila 24: pr 2 cr, [pr2j cr] 2 veces, pr 6 ma, [pr2j cr] 2 veces, pr 2 cr (14 ps).

Fila 25: tpd 3 cr, tpd2j cr, tpd 4 ma, tpd2j cr, tpd 3 cr (12 ps).

Fila 26: pr 4 cr, pr 4 ma, pr 4 cr.

Fila 27: tpd 4 cr, tpd 4 ma, tpd 4 cr.

Fila 28: pr 4 cr, pr 4 ma, pr 4 cr.

Fila 29: tpd 3 cr, tpd2j cr, tpd 2 ma, tpd2j cr, tpd 3 cr (10 ps).

Fila 30: pr 4 cr, pr 2 ma, pr 4 cr.

Fila 31: tpd 4 cr, tpd 2 ma, tpd 4 cr.

Rp filas 30-31 3 veces.

Fila 38: pr 4 cr, pr 2 ma, pr 4 cr.

Rematar 4 ps cr, 2 ps ma, 4 ps cr.

Barriga

Con cr, montar 8 ps.

Emp con una fila en tpd, trabajar 2 filas en pj.

Fila 3: tpd2j, tpd 4, tpd2j (6 ps).

Fila 4: pr2j, pr 2, pr2j (4 ps).

Trabajar 10 filas en pj.

Fila 15: aum, tpd 2, aum (6 ps).

Trabajar 7 filas en pj.

Fila 23: aum, tpd 4, aum (8 ps).

Trabajar 25 filas en pj.

Fila 49: tpd2j, tpd 4, tpd2j (6 ps).

Fila 50: pr2j, pr 2, pr2j (4 ps).

Trabajar 4 filas en pj.

Fila 55: aum, tpd 2, aum (6 ps).

Trabajar 5 filas en pj.

Fila 61: aum, tpd 4, aum (8 ps).

Trabajar 9 filas en pj.

Añadir ma.

Fila 71: tpd 3 cr, tpd 2 ma, tpd 3 cr.

Fila 72: pr 2 cr, pr 4 ma, pr 2 cr.

Fila 73: tpd 2 ma, tpd 4 cr, tpd 2 ma.

Fila 74: pr 2 ma, pr 4 cr, pr 2 ma.

Cont con cr.

Trabajar 8 filas en pj.

Fila 83: tpd2j, tpd 4, tpd2j (6 ps).

Trabajar 13 filas en pj.

Fila 97: tpd2j, tpd 2, tpd2j (4 ps).

Trabajar 11 filas en pj.

Rematar.

Cola

Con cr y bu, montar 3 ps cr, 2 ps bu, 3 ps cr (8 ps).

Fila 1: tpd 3 cr, tpd 2 bu, tpd 3 cr.

Fila 2: pr 3 cr, pr 2 bu, pr 3 cr.

Rp filas 1-2 2 veces más.

Fila 7: tpd 1 cr, pb 1 cr, tpd 1 cr, tpd 2 bu, tpd 1 cr, pb 1 cr, tpd 1 cr.

Fila 8: pr 3 cr, pr 2 bu, pr 3 cr.

Rp flas 7-8 8 veces más.

Cont con cr.

Fila 25: tpd2j, pb 1, tpd 2, pb 1, tpd2j (6 ps).

Fila 26: punto revés.

Fila 27: tpd 1, pb 1, tpd 2, pb 1, tpd 1.

Cont con ma.

Fila 28: punto revés.

Fila 29: tpd2j, tpd 2, tpd2j (4 ps).

Fila 30: [pr2j] 2 veces (2 ps).

Fila 31: tpd2j y atar.

Oreja

(Tejer 2 iguales)

Con ma, montar 6 ps.

Tejer 5 filas.

Fila 6: tpd2j, tpd 2, tpd2j (4 ps).

Tejer 2 filas.

Fila 9: [tpd2j] 2 veces (2 ps).

Fila 10: tpd2j y atar.

Acabados

COSER LOS EXTREMOS Deje los extremos de la fila montada y las filas rematadas para coserlos.

PATAS Con los LR juntos, doble la pata por la mitad. Empiece a coser por las pezuñas, hacia arriba, por el LD.

CUERPO Cosa siguiendo la línea del lomo y en torno al trasero.

CABEZA Doble la fila rematada por la mitad y cosa desde el hocico hasta la barbilla.

BARRIGA Cosa la fila montada de la barriga en la parte inferior del trasero y la fila rematada hasta la barbilla. Afloje y cosa la barriga de manera que se ajuste al cuerpo, haciendo coincidir las curvas de la barriga con las patas. Deje un hueco de 2,5 cm entre las patas delantera y trasera, a un lado.

RELLENO Los limpiapipas sirven para dar rigidez y forma a las patas. Doble un limpiapipas en forma de U y mídalo comparándolo con las dos patas delanteras. Córtelo para que encaje, pero dejando 2,5 cm de más en ambos extremos. Doble dichos extremos para evitar que el limpiapipas se salga por las pezuñas. Enrolle un poco de relleno alrededor del limpiapias e introdúzcalo en el cuerpo de manera que cada extremo llegue al final de cada una de las patas delanteras. Repita con el segundo limpiapipas y las patas traseras. Empiece a rellenar el lobo por la cabeza y, por último, cosa el hueco. Dé forma al cuerpo.

COLA Sujete la fila montada de la cola en la parte superior del trasero de manera que los bucles queden por debajo. Corte los bucles.

OREJAS Cosa la fila montada de cada oreja con 4 puntadas entre ambas orejas. Con 2 hebras de hilo cr, una aguja de ganchillo y el método de los flecos de bufanda (*véase* pág. 173), teja dos mechones en el interior de cada oreja.

OJOS Con mo, cosa nudos franceses de 2 bucles situados como se observa en la fotografía. Con cr, realice una pequeña puntada debajo de cada ojo.

HOCICO Con bl, borde la nariz con puntada satinada.

Foca gris con cría

El nombre en latín de la foca gris significa «cerdo marino con nariz de gancho», una descripción muy poco amable para este mamífero un tanto cómico y desgarbado, pero entrañable. Las focas grises mantienen fuertes lazos con sus crías; la madre se dedica con tanto empeño a su alimentación que puede perder hasta 65 kilos durante la lactancia. El nombre colectivo para las focas es «manada».

Foca gris con cría

El patrón de las focas es uno de los más sencillos de tejer: un solo color y sin puntadas complicadas.

Medidas

Adulta
Longitud: 23 cm.
Altura hasta la parte superior de la cabeza: 7 cm.
Cría
Longitud: 9 cm.
Altura hasta la parte superior de la cabeza: 3 cm.

Materiales

- Un par de agujas de tejer de 2 ¾ mm
- Agujas de tejer de doble punta (para sujetar los puntos) de 2 ¾ mm
- 15 g de Rowan Wool Cotton en Misty 9023 (my)
- 5 g de Rowan Kidsilk Haze en Cream 634 (cr) utilizado DOBLE en todo el patrón
- 1 limpiapipas para mantener la forma del cuerpo
- Una pequeña cantidad de Rowan Pure Wool de 4 dobleces en Black 404 (bl) para los ojos y la nariz
- Hilo de nailon o de pescar para los bigotes
- Lentejas secas para el relleno
- 2 cuentas negras muy pequeñas para los ojos de cada foca, aguja e hilo negro para coserlas

Abreviaturas

Véase pág. 172.
Véase pág. 172, Enrollar y girar.

Foca adulta

Cuerpo y cabeza
Primera aleta caudal
Con my, montar 2 ps.
Fila 1: [aum] 2 veces (4 ps).
Fila 2: tpd 1, pr 1, tpd 1, pr 1.
Fila 3: aum, pr 1, tpd 1, pr 1 (5 ps).
Fila 4: tpd 1, pr 1, tpd 1, pr 1, tpd 1.
Fila 5: aum, tpd 1, pr 1, tpd 1, pr 1 (6 ps).
Fila 6: tpd 1, pr 1, tpd 1, pr 1, tpd 1, pr 1.
Fila 7: aum, pr 1, tpd 1, pr 1, tpd 1, pr 1 (7 ps).
Fila 8: [tpd 1, pr 1] hasta el último p, tpd 1.
Fila 9: aum, [tpd 1, pr 1] hasta el final (8 ps).
Fila 10: [tpd 1, pr 1] hasta el final.
Fila 11: aum, [pr 1, tpd 1] hasta el último p, pr 1 (9 ps).
Sujetar esos 9 ps en la aguja suelta.

Segunda aleta caudal
Rp filas 1-11 para la segunda aleta.
Fila 12: [tpd 1, pr 1] en la segunda aleta hasta el último p, tpd 1, girar los ps para empezar con borde aum por dentro, [pr 1, tpd 1] en los puntos sujetos para la primera aleta hasta el último p, pr 1 (18 ps).

Cuerpo y cabeza
Fila 13: [tpd 1, pr 1] hasta el final.
Rp fila 13 3 veces más.
Fila 17: aum, tpd 16, aum (20 ps).
Trabajar 3 filas en pj.
Fila 21: aum, tpd 18, aum (22 ps).
Trabajar 3 filas en pj.
Fila 25: aum, tpd 20, aum (24 ps).
Trabajar 3 filas en pj.
Fila 29: aum, tpd 22, aum (26 ps).
Trabajar 3 filas en pj.
Fila 33: aum, tpd 24, aum (28 ps).
Trabajar 3 filas en pj.

Cuerpo
Además del relleno, se utilizan lentejas secas para aportar peso al característico cuerpo de la foca.

Fila 37: aum, tpd 26, aum (30 ps).
Trabajar 3 filas en pj.
Fila 41: aum, tpd 28, aum (32 ps).
Trabajar 3 filas en pj.
Fila 45: aum, tpd 30, aum (34 ps).
Fila 46: punto revés.
Fila 47: tpd 9, aum, tpd 14, aum, tpd 9 (36 ps).
Trabajar 3 filas en pj.
Fila 51: aum, tpd 34, aum (38 ps).
Fila 52: punto revés.
Fila 53: tpd 11, aum, tpd 14, aum, tpd 11 (40 ps).
Fila 54: punto revés.
Fila 55: aum, tpd 38, aum (42 ps).
Fila 56: punto revés.
Fila 57: tpd 13, aum, tpd 14, aum, tpd 13 (44 ps).
Fila 58: punto revés.
Fila 59: aum, tpd 42, aum (46 ps).
Trabajar 11 filas en pj.
Fila 71: tpd2j, tpd 7, tpd2j, tpd 7, tpd2j, tpd 6,
tpd2j, tpd 7, tpd2j, tpd 7, tpd2j (40 ps).
Fila 72: punto revés.
Fila 73: tpd2j, tpd 6, tpd2j, tpd 6, tpd2j, tpd 4,
tpd2j, tpd 6, tpd2j, tpd 6, tpd2j (34 ps).
Fila 74: punto revés.
Fila 75: tpd2j, tpd 5, tpd2j, tpd 5, tpd2j, tpd 2,
tpd2j, tpd 5, tpd2j, tpd 5, tpd2j (28 ps).
Fila 76: punto revés.
Fila 77: tpd2j, tpd 4, tpd2j, tpd 4, tpd2j, tpd2j,
tpd 4, tpd2j, tpd 4, tpd2j (22 ps).
Fila 78: punto revés.
Fila 79: tpd2j, tpd 3, tpd2j, tpd 2, tpd2j, tpd2j,
tpd 2, tpd2j, tpd 3, tpd2j (16 ps).
Fila 80: punto revés.
Fila 81: tpd 13, enrollar y girar (dejar 3 ps sin tejer
en la aguja izquierda).
Fila 82: trabajar en el centro de la parte superior
de la cabeza solo 10 ps, pr 10, eyg.
Fila 83: tpd 10, eyg.
Fila 84: pr 10, eyg.
Fila 85: pr 10, eyg.
Fila 86: pr 10, eyg.
Fila 87: tpd 13 (16 ps en total).
Fila 88: pr2j, pr 2, pr2j, pr 4, pr2j, pr 2, pr2j
(12 ps).

Aletas

Puede decidir la ubicación de las aletas, pero recuerde que las focas se arrastran con ellas, de manera que conviene no situarlas demasiado altas.

Fila 89: tpd 10, enrollar y girar (dejar 2 ps sin tejer en la aguja izquierda).
Fila 90: trabajar en el centro solo 8 ps, pr 8, eyg.
Fila 91: tpd 8, eyg.
Fila 92: pr 8, eyg.
Fila 93: tpd 10 (12 ps en total).
Fila 94: punto revés.
Fila 95: tpd2j, tpd 8, tpd2j (10 ps).
Trabajar 3 filas en pj.
Fila 99: tpd 3, trabajar hacia atrás, delante y atrás de nuevo el siguiente p, tpd 2, trabajar hacia atrás, delante y atrás de nuevo el siguiente p, tpd 3 (14 ps).
Rematar.

Aletas

(Tejer 2 iguales)
Con my, montar 9 ps.
Fila 1: [tpd 1, pr 1] hasta el último p, tpd 1.
Fila 2: [pr 1, tpd 1] hasta el último p, pr 1.
Rp filas 1-2 2 veces más.
Fila 7: tpd2j, [tpd 1, pr 1] hasta el último p, tpd 1 [8 ps].
Fila 8: [pr 1, tpd 1] 3 veces, pr2j (7 ps).
Fila 9: tpd2j, [tpd 1, pr 1] 2 veces, tpd 1 (6 ps).
Fila 10: [pr 1, tpd 1] 2 veces, pr2j (5 ps).
Fila 11: tpd2j, tpd1, pr 1, tpd 1 (4 ps).
Fila 12: pr 1, tpd 1, pr2j (3 ps).
Fila 13: tpd2j, tpd 1 (2 ps).
Fila 14: tpd2j y atar.

Cría

Cuerpo y cabeza
Primera aleta caudal

Con cr, montar 2 ps.
Fila 1: [aum] 2 veces (4 ps).
Fila 2: tpd 1, pr 1, tpd 1, pr 1.
Fila 3: aum, pr 1, tpd 1, pr 1 (5 ps).
Fila 4: aum, pr 1, tpd 1, pr 1, tpd 1 (6 ps).
Fila 5: pr 1, tpd 1, pr 1, tpd 1, pr 1, tpd 1.
Fila 6: pr 1, tpd 1, pr 1, tpd 1, pr 1, tpd 1.
Sujetar esos 6 ps en la aguja suelta.

Segunda aleta caudal

Rp filas 1-6 para la segunda aleta.
Fila 7: tpd 6 en la segunda aleta, después tpd 6 sobre los ps sujetos para la primera aleta (12 ps).
Cuerpo y cabeza
Fila 8: aum, pr 10, aum (14 ps).
Fila 9: tpd 3, aum, tpd 6, aum, tpd 3 (16 ps).
Fila 10: punto revés.
Fila 11: tpd 3, aum, tpd 8, aum, tpd 3 (18 ps).
Fila 12: punto revés.
Fila 13: tpd 3, aum, tpd 10, aum, tpd 3 (20 ps).
Fila 14: punto revés.
Trabajar 2 filas en pj.
Fila 17: tpd 3, aum, tpd 12, aum, tpd 3 (22 ps).
Fila 18: punto revés.
Trabajar 4 filas en pj.
Fila 23: tpd 3, aum, tpd 14, aum, tpd 3 (24 ps).
Fila 24: punto revés.
Fila 25: tpd2j, tpd 2, tpd2j, tpd 10, tpd2j, tpd 3, tpd2j (20 ps).
Fila 26: punto revés.
Fila 27: tpd 15, enrollar y girar (dejar 5 ps sin trabajar en la aguja izquierda).
Fila 28: trabajar en el centro de la cabeza solo 10 ps, pr 10, eyg.
Fila 29: tpd 10, eyg.
Fila 30: pr 10, eyg.
Fila 31: tpd 10, eyg.
Fila 32: pr 10, eyg.
Fila 33: tpd 15 (20 ps en total).
Fila 34: pr2j, pr 3, pr2j, pr 6, pr2j, pr 3, pr2j (16 ps).
Fila 35: tpd2j, tpd 3, tpd2j, tpd 2, tpd2j, tpd 3, tpd2j (12 ps).
Fila 36: punto revés.
Fila 37: tpd2j, tpd 2, tpd2j, tpd2j, tpd 2, tpd2j (8 ps).
Rematar.

Acabados

Foca adulta
COSER LOS EXTREMOS Deje los extremos de la fila montada y las filas rematadas para coserlos.

CABEZA Doble el hocico por la mitad y cosa.

CUERPO Cosa la cola justo por encima de las aletas caudales para evitar que las lentejas se asomen. Cosa con p colchonero dejando un hueco de 2,5 cm a un lado para rellenar con una mezcla de relleno y lentejas (que aportan peso). Introduzca un limpiapipas a lo largo del cuerpo para mantener la forma de la foca.

ALETAS Cosa las aletas a los lados del cuerpo, con 11 ps desde la costura central y a unos 7,5 cm del hocico.

OJOS Con bl, cosa nudos franceses de 3 bucles para los ojos, aproximadamente a 10 filas hacia arriba con respecto al extremo del hocico. Cosa una cuenta negra debajo de cada nudo.

HOCICO Teja 2 ps verticales de 2 mm para las fosas nasales.

BIGOTES Pase 3 hilos de nailon de 8 cm a través del hocico para formar los bigotes.

Cría de foca
COSER LOS EXTREMOS Deje los extremos de la fila montada y las filas rematadas para coserlos.

CUERPO Cosa la cola justo por encima de las aletas caudales. Cosa con p colchonero dejando un hueco de 2,5 cm a un lado para rellenar; una vez rellenada la cría, cosa el hueco.

OJOS Con bl, cosa nudos franceses de 3 bucles para los ojos, aproximadamente a 4 filas hacia arriba con respecto al extremo del hocico y con 1,5 ps entre ellos. Cosa una cuenta negra debajo de cada nudo.

HOCICO Teja 2 ps verticales de 2 mm para las fosas nasales.

BIGOTES Pase 3 hilos de nailon de 5 cm a través del hocico para formar los bigotes.

Oso polar

El oso más grande, y el mayor carnívoro terrestre
del mundo (y no tan adorable), tiene su reino en el
Polo Norte. Debido a su entusiasmo por las focas,
el oso polar se encuentra tan a gusto en el agua como
en la tierra, aunque a menudo se lo describe como un
mamífero marino. En la década de 1920, un oso polar
llamado Peppy se convirtió en el logo de Fox's Glacier
Mints. Un taxidermista recibió el encargo de derribar
y disecar a un oso polar real que después se exhibió por
la ciudad, en partidos de fútbol, para promocionar los
caramelos de la marca. Más tarde, Peppy se hizo famoso
a través de los anuncios en televisión. El oso polar,
una especie amenazada, es muy respetado por los inuits.

Oso polar

Similar al oso pardo, este oso polar se teje con una suave mezcla con mohair.

Medidas

Longitud: 25 cm.
Altura hasta la parte superior de la cabeza: 14 cm.

Materiales

- Un par de agujas de tejer de 3 ¼ mm
- Agujas de tejer de doble punta (para sujetar los puntos) de 3 ¼ mm
- 30 g de Rowan Kid Classic en Feather 828 (fr)
- Una pequeña cantidad de Rowan Pure Wool de 4 dobleces en Black 404 (bl) para los ojos, la nariz y las pezuñas
- 2 limpiapipas para las patas

Abreviaturas

Véase pág. 172.
Véase pág. 172, Filas cortas.
NOTA: este animal no tiene cola.

Pata trasera derecha

Con fr, montar 13 ps.
Emp con una fila en tpd, trabajar 2 filas en pj.
Fila 3: aum, tpd 3, tpd2j, tpd 1, tpd2j, tpd 3, aum (13 ps).
Fila 4: punto revés.
Rp filas 3-4 2 veces más.
Fila 9: tpd2j, tpd 9, tpd2j (11 ps).
Trabajar 3 filas en pj.
Fila 13: aum, tpd 9, aum (13 ps).
Trabajar 3 filas en pj.
Fila 17: tpd 5, aum, tpd 1, aum, tpd 5 (15 ps).
Fila 18: punto revés.
Fila 19: tpd 6, aum, tpd 1, aum, tpd 6 (17 ps).
Fila 20: punto revés.
Fila 21: tpd 7, aum, tpd 1, aum, tpd 7 (19 ps).
Fila 22: punto revés.
Fila 23: tpd 8, aum, tpd 1, aum, tpd 8 (21 ps).
Fila 24: punto revés.
Fila 25: tpd 9, aum, tpd 1, aum, tpd 9 (23 ps).
Fila 26: punto revés.*
Fila 27: rematar 11 ps, tpd hasta el final (sujetar 12 ps en la aguja suelta para el lado derecho del cuerpo).

Pata trasera izquierda

Trabajar como la pata trasera derecha hasta *.
Fila 27: tpd 12, rematar 11 ps (sujetar 12 ps en la aguja suelta para el lado izquierdo del cuerpo).

Pata delantera derecha

Con fr, montar 13 ps.
Emp con una fila en tpd, trabajar 2 filas en pj.
Fila 3: aum, tpd 3, tpd2j, tpd 1, tpd2j, tpd 3, aum (13 ps).
Fila 4: punto revés.
Rp filas 3-4 1 vez más.
Fila 7: tpd2j, tpd 9, tpd2j (11 ps).
Trabajar 3 filas en pj.
Fila 11: aum, tpd 9, aum (13 ps).
Fila 12: punto revés.
Fila 13: aum, tpd 11, aum (15 ps).
Trabajar 5 filas en pj.
Fila 19: aum, tpd 13, aum (17 ps).

Trabajar 5 filas en pj.**
Fila 25: rematar 8 ps, tpd hasta el final (sujetar 9 ps en la aguja suelta para el lado derecho del cuerpo).

Pata delantera izquierda

Tejer como la pata delantera derecha hasta **.
Fila 25: tpd 9, rematar 8 ps (sujetar 9 ps en la aguja suelta para el lado izquierdo del cuerpo).

Lado derecho del cuerpo y de la cabeza

Fila 1: con fr, montar 1 p, con los LD juntos tpd 9 en la aguja suelta para la pata delantera derecha, montar 5 ps (15 ps).
Fila 2: punto revés.
Fila 3: aum, tpd 14, montar 6 ps (22 ps).
Fila 4: punto revés.
Fila 5: aum, tpd 21, montar 6 ps, con los LD juntos tpd 12 en la aguja suelta para la pata trasera derecha, montar 2 ps (43 ps).
Fila 6: punto revés.
Fila 7: aum, tpd 42 (44 ps).
Fila 8: pr 4, aum, pr 3, aum, pr 35 (46 ps).
Fila 9: aum, tpd 45 (47 ps).
Fila 10: pr 47, montar 12 ps (59 ps).
Fila 11: punto derecho.
Fila 12: pr 4, aum, pr 5, aum, pr 37 (61 ps), aum, pr 1, aum, pr 8 (63 ps).
Fila 13: punto derecho.
Fila 14: pr 50, aum, pr 3, aum, pr 8 (65 ps).
Fila 15: rematar 5 ps, tpd hasta el final (60 ps).
Fila 16: pr 4, aum, pr 7, aum, pr 37, aum, pr 5, aum, pr 1, pr2j (63 ps).
Fila 17: rematar 2 ps, tpd hasta el final (61 ps).
Fila 18: pr 52, pr2j, pr 5, pr2j (59 ps).

Cuerpo

El oso polar tiene un pecho ancho y patas resistentes con pezuñas bordadas.

Fila 19: tpd 57, tpd2j (58 ps).
Fila 20: pr2j, pr 2, pr2j, pr 7, pr2j, pr 35, pr2j, pr 4, pr2j (53 ps).
Fila 21: tpd 5, tpd2j, tpd 44, tpd2j (51 ps).
Fila 22: pr2j, pr 1, pr2j, pr 5, pr2j, pr 39 (48 ps).
Fila 23: rematar 10 ps, tpd 8 inclpm (sujetar estos 8 ps en una aguja suelta), rematar 9 ps, tpd 19 inclpm, tpd2j (28 ps).
Fila 24: trabajar solamente 20 ps, pr2j, pr 4, pr2j, pr 10, pr2j (17 ps).
Fila 25: rematar 6 ps, tpd 9 inclpm, tpd2j (10 ps).
Fila 26: pr2j, pr 6, pr2j (8 ps).
Rematar
Siguiente fila: volver a juntar el hilo con los 8 ps restantes, pr2j, pr 4, pr2j (6 ps).
Siguiente fila: tpd2j, tpd 2, tpd2j (4 ps).
Rematar.

Lado izquierdo del cuerpo y de la cabeza

Fila 1: con fr, montar 1 p, con los LR juntos pr 9 en la aguja suelta para la pata delantera izquierda, montar 5 ps (15 ps).
Fila 2: punto derecho.
Fila 3: aum, pr 14, montar 6 ps (22 ps).
Fila 4: punto derecho.
Fila 5: aum, pr 21, montar 6 ps, con los LR juntos pr en una aguja suelta para la pata trasera izquierda pr 12, montar 2 ps (43 ps).
Fila 6: punto derecho.
Fila 7: aum, pr 42 (44 ps).
Fila 8: tpd 4, aum, tpd 3, aum, tpd 35 (46 ps).
Fila 9: aum, pr 45 (47 ps).
Fila 10: tpd 47, montar 12 puntos (59 ps).
Fila 11: punto revés.
Fila 12: tpd 4, aum, tpd 5, aum, tpd 37, aum, tpd 1, aum, tpd 8 (63 ps).
Fila 13: punto revés.
Fila 14: tpd 50, aum, tpd 3, aum, tpd 8 (65 ps).
Fila 15: rematar 5 ps, pr hasta el final (60 ps).
Fila 16: tpd 4, aum, tpd 7, aum, tpd 37, aum, tpd 5, aum, tpd 1, tpd2j (63 ps).

Fila 17: rematar 2 ps, pr hasta el final (61 ps).
Fila 18: tpd 52, tpd2j, tpd 5, tpd2j (59 ps).
Fila 19: pr 57, pr2j (58 ps).
Fila 20: tpd2j, tpd 2, tpd2j, tpd 7, tpd2j, tpd35, tpd2j, tpd 4, tpd2j (53 ps).
Fila 21: pr 5, pr2j, pr 44, pr2j (51 ps).
Fila 22: tpd2j, tpd 1, tpd2j, tpd 5, tpd2j, tpd 39 (48 ps).
Fila 23: rematar 10 ps, pr 8 inclpm (sujetar estos 8 ps en una aguja suelta), rematar 9 ps, pr 19 inclpm, pr2j (28 ps).
Fila 24: trabajar solamente 20 ps, tpd2j, tpd 4, tpd2j, tpd 10, tpd2j (17 ps).
Fila 25: rematar 6 ps, pr 8 inclpm, pr2j (10 ps).
Fila 26: tpd2j, tpd 6, tpd2j (8 ps).
Rematar.
Siguiente fila: volver a juntar el hilo en los 8 ps restantes, tpd2j, tpd 4, tpd2j (6 ps).
Siguiente fila: pr2j, pr 2, pr2j (4 ps).
Rematar.

Cabeza

Manipule el relleno de manera que la cabeza del oso quede ligeramente inclinada hacia abajo.

Barriga

Con fr, montar 10 ps.
Emp con una fila en tpd, trabajar 2 filas en pj.
Fila 3: tpd2j, tpd 6, tpd2j (8 ps).
Fila 4: pr2j, pr 4, pr2j (6 ps).
Trabajar 10 filas en pj.
Fila 15: aum, tpd 4, aum (8 ps).
Fila 16: aum, pr 6, aum (10 ps).
Trabajar 22 filas en pj.
Fila 39: tpd2j, tpd 6, tpd2j (8 ps).
Fila 40: pr2j, pr 4, pr2j (6 ps).
Trabajar 5 filas en pj.
Fila 46: aum, pr 4, aum (8 ps).
Fila 47: aum, tpd 6, aum (10 ps).
Trabajar 9 filas en pj.
Fila 57: tpd 1, tpd2j, tpd 4, tpd2j, tpd 1 (8 ps).
Trabajar 7 filas en pj.
Fila 65: tpd 1, tpd2j, tpd 2, tpd2j, tpd 1 (6 ps).
Trabajar 3 filas en pj.
Fila 69: tpd 1, [tpd2j] 2 veces, tpd 1 (4 ps).
Trabajar 6 filas en pj.
Rematar.

Orejas

Con fr, montar 5 ps.
Emp con una fila en tpd, trabajar 4 filas en pj.
Fila 5: tpd2j, tpd 1, tpd2j (3 ps).
Fila 6: pr3j y atar.

Acabados

COSER LOS EXTREMOS Deje los extremos de
la fila montada y las filas rematadas para coserlos.
PATAS Con los LR juntos, doble la pata por la
mitad. Empiece en la pezuña y cosa hacia arriba
por el LD.
CABEZA Y CUERPO Con los LD juntos, cosa los
dos lados de la cabeza y el hocico juntos con punto
de festón. Cosa siguiendo el lomo hasta el trasero,
que se cose alrededor.
BARRIGA Cosa la fila montada de la barriga
hasta la parte inferior del trasero del oso (donde
empiezan las patas); cosa la fila rematada hasta
la barbilla. Afloje y cosa la barriga de manera
que se ajuste al cuerpo y que coincidan las
curvas de la barriga con las patas. Deje un
hueco de 2,5 cm entre las patas traseras y
delanteras, a un lado.
RELLENO Se utilizan limpiapipas para dar
rigidez a las patas y doblarlas con facilidad
según la forma deseada. Doble un limpiapipas
en forma de U y mídalo comparándolo con las
dos patas delanteras. Córtelo de manera que
encaje, pero deje 2,5 cm de más en ambos
extremos. Doble dichos extremos para evitar
que el limpiapipas se salga por las pezuñas.
Enrolle un poco de relleno alrededor del
limpiapias e introdúzcalo en el cuerpo
(un extremo hasta cada pata delantera).
Repita con el segundo limpiapipas y las
patas traseras. Empiece a rellenar el oso
por la cabeza y cosa el hueco. Dé forma al
cuerpo.
OREJAS Cosa al cuerpo la fila montada de
cada oreja, con el pj inv mirando hacia delante
y 10 filas entre las orejas.
OJOS Con bl, cosa nudos franceses de 2 bucles
situados como se observa en la fotografía.
HOCICO Con bl, borde la nariz con puntada
satinada.
PEZUÑAS Con bl, realice 4 puntadas satinadas
en la punta de cada pezuña.

Pingüino

Los pingüinos tienen «algo», por eso aparecen tanto en galletas, ropa y libros. Además, son famosos gracias a *Happy Feet* y *Pingu*. Estas aves que no vuelan viven principalmente en el Antártico, se han adaptado a la vida en el agua y sus alas se han convertido en aletas. Con sus peculiares andares, sus colores como si fuesen vestidos de frac y su naturaleza amable, los pingüinos resultan adorables. Son sociables, les gusta reunirse en grandes grupos y establecen relaciones homosexuales duraderas.

Pingüino

Sus grandes patas y la cola, imprescindible, le ayudan a mantenerse en posición vertical.

Medidas
Ancho: 8 cm.
Altura hasta la parte superior de la cabeza: 19 cm.

Materiales
- Un par de agujas de tejer de 2 ¾ mm
- Agujas de tejer de doble punta (para sujetar los puntos) de 2 ¾ mm
- 15 g de Rowan Wool Cotton en Inky 908 (ik)
- 20 g de Rowan Wool Cotton en Antique 900 (an)
- Una pequeña cantidad de Rowan Wool Cotton en Brolly 908 (by)
- 2 limpiapipas para las patas y la cola
- 4 imperdibles para sujetar los puntos en las patas
- 2 cuentas negras muy pequeñas para los ojos, aguja e hilo negro para coserlas

Abreviaturas
Véase pág. 172.
Véase pág. 172, Tejer con diferentes colores.
Véase pág. 172, Enrollar y girar.

Patas
(Tejer 2 iguales)
Con ik, montar 10 ps.
Emp con una fila en tpd, trabajar 2 filas en pj.
Fila 3: tpd 2, tpd2j, tpd 2, tpd2j, tpd 2 (8 ps).
Fila 4: punto revés.
Fila 5: tpd 1, tpd2j, tpd 2, tpd2j, tpd 1 (6 ps).
Fila 6: punto revés.
Cont con an, pero sin cortar ik.
Fila 7: aum, tpd 4, aum (8 ps).
Retomar ik.
Fila 9: tpd 2 ik, tpd 4 an, tpd 2 ik.
Fila 10: pr 2 ik, pr 4 an, pr 2 ik.
Fila 11: tpd 2 ik, aum an, tpd 2 an, aum an, tpd 2 ik (10 ps).
Fila 12: pr 2 ik, pr 6 an, pr 2 ik.
Fila 13: tpd 2 ik, tpd 1 an, aum an, tpd 2 an, aum an, tpd 1 an, tpd 2 ik (12 ps).
Fila 14: pr 2 ik, tpd 8 an, pr 2 ik (sujetar el centro de los 8 ps an con un imperdible, sujetar 4 ps ik con un imperdible para la parte posterior del cuerpo).

Cola
Con ik, montar 6 ps.
Emp con una fila tpd, trabajar 2 filas en pj.
Fila 3: tpd 1, aum, tpd 2, aum, tpd 1 (8 ps).
Fila 4: punto revés.
Fila 5: tpd 2, aum, tpd 2, aum, tpd 2 (10 ps).
Fila 6: punto revés.
Fila 7: tpd 2, aum, tpd 4, aum, tpd 2 (12 ps).
Fila 8: punto revés.
Fila 9: rematar 2 ps, tpd hasta el final (10 ps).
Fila 10: rematar 2 ps, pr hasta el final (sujetar 8 ps en la aguja suelta para la parte posterior del cuerpo). Doblar la cola por la mitad y coser con los LD juntos.

Parte posterior del cuerpo
Fila 1: con ik y los LD juntos tpd 4 a partir del imperdible de la primera pata trasera, con los LD juntos tpd 8 a partir de la cola, con los LD juntos tpd 4 a partir del imperdible de la segunda pata trasera (16 ps).

Trabajar 5 filas en pj.
Fila 7: tpd 5, aum, tpd 4, aum, tpd 5 (18 ps).
Trabajar 3 filas en pj.
Fila 11: tpd2j, tpd 14, tpd2j (16 ps).
Fila 12: punto revés.
Fila 13: tpd2j, tpd 12, tpd2j (14 ps).
Trabajar 2 filas en pj.
Fila 16: aum, pr 12, aum (16 ps).
Fila 17: punto derecho.
Fila 18: aum, pr 14, aum (18 ps).
Trabajar 2 filas en pj.
Fila 21: tpd 6, aum, tpd 4, aum, tpd 6 (20 ps).
Trabajar 11 filas en pj.
Fila 33: tpd 6, tpd2j, tpd 4, tpd2j, tpd 6 (18 ps).
Fila 34: punto revés.
Fila 35: tpd2j, tpd 14, tpd2j (16 ps).
Fila 36: punto revés.
Fila 37: tpd 4, tpd2j, tpd 4, tpd2j, tpd 4 (14 ps).
Trabajar 3 filas en pj.
Fila 41: tpd 3, tpd2j, tpd 4, tpd2j, tpd 3 (12 ps).
Fila 42: punto revés.
Añadir an.
Fila 43: tpd 4 an, tpd 4 ik, td 4 an.
Fila 44: pr 1 ik, pr 3 an, pr 4 ik, pr 3 an, pr 1 ik.
Añadir by.
Fila 45: tpd 1 ik, tpd 1 by, tpd 3 an, tpd 2 ik, tpd 3 an, tpd 1 by, enrollar y girar (dejar 1 p sin trabajar en la aguja izquierda).
Fila 46: trabajar en el centro de la parte superior de la cabeza 10 ps solamente, pr 2 by, pr 2 ik, pr 2 an, pr 2 by, eyg.
Fila 47: tpd 2 by, tpd 1 an, tpd 4 ik, tpd 1 an, tpd 2 by, eyg.
Fila 48: pr 1 by, pr 2 an, pr 4 ik, pr 2 an, pr 1 by, eyg.
Fila 49: tpd 3 an, tpd 4 ik, tpd 3 an, eyg.
Fila 50: pr 2 an, pr 6 ik, pr 2 an, eyg.
Fila 51: tpd 2 an, tpd 6 ik, pr 2 an, tpd 1 ik (12 ps en total).
Cont con ik.
Fila 52: pr 2, pr2j, pr 4, pr2j, pr 2 (10 ps).
Fila 53: tpd 9, enrollar y girar (dejar 1 p sin trabajar en la aguja izquierda).

Cuerpo

El pingüino tiene un pecho prominente (se consigue con el relleno).

Fila 54: trabajar 8 ps en el centro, pr 8, eyg.
Fila 55: tpd 8, eyg.
Rp filas 54-55.
Fila 58: pr 8, eyg.
Fila 59: tpd 9 (10 ps en total).
Fila 60: pr2j, pr 6, pr2j (8 ps).
Fila 61: punto derecho.
Fila 62: pr2j, pr 4, pr2j (6 ps).
Fila 63: tpd2j, tpd 2, tpd2j (4 ps).
Fila 64: [pr2j] 2 veces (2 ps).
Trabajar 3 filas en pj.
Fila 68: pr2j y atar.

Cuerpo y barbilla

Fila 1: con an y los LD juntos tpd 8 desde el imperdible de la parte delantera de la primera pata trasera, montar 4 ps, tpd 8 desde el imperdible de la parte delantera de la segunda pata trasera (20 ps).
Trabajar 3 filas en pj.
Fila 5: tpd 6, aum, tpd 6, aum, tpd 6 (22 ps).
Fila 6: punto revés.
Fila 7: tpd 7, aum, tpd 6, aum, tpd 7 (24 ps).
Trabajar 3 filas en pj.
Fila 11: aum, tpd 22, aum (26 ps).

Fila 12: punto revés.
Fila 13: aum, tpd 24, aum (28 ps).
Fila 14: punto revés.
Fila 15: tpd 10, aum, tpd 6, aum, tpd 10 (30 ps).
Fila 16: pr2j, pr 26, pr2j (28 ps).
Fila 17: punto derecho.
Fila 18: pr2j, pr 24, pr2j (26 ps).
Trabajar 4 filas en pj.
Fila 23: tpd 9, aum, tpd 6, aum, tpd 9 (28 ps).
Trabajar 9 filas en pj.
Fila 33: tpd 9, tpd2j, tpd 6, tpd2j, tpd 9 (26 ps).
Fila 34: punto revés.

Alas

Las alas del pingüino pueden necesitar una pequeña puntada en el centro para mantenerlas pegadas al cuerpo.

Fila 35: tpd2j, tpd 7, tpd2j, tpd 4, tpd2j, tpd 7, tpd2j (22 ps).
Fila 36: pr 7, pr2j, pr 4, pr2j, pr 7 (20 ps).
Fila 37: tpd2j, tpd 4, tpd2j, tpd 4, tpd2j, tpd 4, tpd2j (16 ps).
Fila 38: pr2j, pr 12, pr2j (14 ps).
Fila 39: tpd 4, tpd2j, tpd 2, tpd2j, tpd 4 (12 ps).
Fila 40: pr 3, pr2j, pr 2, pr2j, pr 3 (10 ps).
Fila 41: tpd 2, tpd2j, tpd 2, tpd2j, tpd 2 (8 ps).
Trabajar 3 filas en pj.
Cont con ik.
Fila 45: tpd 1, tpd2j, tpd 2, tpd2j, tpd 1 (6 ps).
Trabajar 5 filas en pj.
Fila 51: tpd 1, [tpd2j] 2 veces, tpd 1 (4 ps).
Trabajar 7 filas en pj.
Fila 59: [tpd2j] 2 veces (2 ps).
Trabajar 3 filas en pj.
Fila 63: tpd2j y atar.

Ala derecha

Con ik, montar 2 ps.
Fila 1: punto derecho.
Fila 2: aum, tpd 1 (3 ps).
Fila 3: punto derecho.
Fila 4: aum, tpd 2 (4 ps).
Fila 5: punto derecho.
Fila 6: aum, tpd 3 (5 ps).
Trabajar 7 filas en tpd.
Fila 14: aum, tpd 2, tpd2j (5 ps).
Fila 19: aum, tpd 4 (6 ps).
Trabajar 3 filas en tpd.

Fila 23: tpd2j, tpd 3, aum (6 ps).
Trabajar 5 filas en tpd.
Fila 29: tpd2j, tpd 4 (5 ps).
Fila 30: punto derecho.
Fila 31: tpd2j, tpd 1, tpd2j (3 ps).
Fila 32: punto derecho.
Fila 33: tpd2j, tpd 1 (2 ps).
Fila 34: tpd2j y atar.

Ala izquierda

Con ik, montar 2 ps.
Fila 1: punto derecho.
Fila 2: tpd 1, aum (3 ps).
Fila 3: punto derecho.
Fila 4: tpd 2, aum (4 ps).
Fila 5: punto derecho.
Fila 6: tpd 3, aum (5 ps).
Trabajar 7 filas en tpd.
Fila 14: tpd2j, tpd 2, aum (5 ps).
Trabajar 4 filas en tpd.
Fila 19: tpd 4, aum (6 ps).
Trabajar 3 filas en tpd.
Fila 23: aum, tpd 3, tpd2j (6 ps).
Trabajar 5 filas en tpd.
Fila 29: tpd 4, tpd2j (5 ps).
Fila 30: punto derecho.
Fila 31: tpd2j, tpd 1, tpd2j (3 ps).
Fila 32: punto derecho.
Fila 33: tpd 1, tpd2j (2 ps).
Fila 34: tpd2j y atar.

Acabados

COSER LOS EXTREMOS Deje los extremos de la fila montada y las filas rematadas para coserlos.

ESPALDA Y PATAS Con los LR juntos, doble una pata por la mitad, Empiece a coser por los pies y suba por las patas por el LD.

PARTE DELANTERA DEL CUERPO Cosa la fila montada de la barriga a la cola, entre las patas traseras, y cosa la fila rematada a la punta del pico. Afloje y cosa el delantero haciendo que coincidan las curvas de la barriga con las de la espalda. Deje un hueco de 2,5 cm a un lado.

RELLENO Los limpiapipas dan rigidez a las patas y permiten doblarlas según la forma deseada. Doble un limpiapias en forma de U abierta y mídalo comparándolo con las dos patas. Córtelo de manera que encaje, pero dejando 2,5 cm de más en ambos extremos. Para conseguir estabilidad, utilice un limpiapipas en la cola: forme un pequeño círculo de 2,5 cm e introdúzcalo en la cola. Doble los extremos para evitar que el limpiapipas se salga. Enrolle un poco de relleno alrededor del limpiapias e introdúzcalo en el cuerpo de manera que cada uno de los extremos baje por las patas delanteras. No rellene el pico ni las patas; empiece en la cabeza y rellene el pingüino con firmeza. Cosa el hueco y dé forma al cuerpo.

OJOS Cosa dos cuentas negras situadas como se observa en la fotografía.

PICO Con by, realice 2 puntadas satinadas largas a ambos lados del pico.

ALAS Sujete el extremo en ángulo de la parte superior de las alas a los lados del pingüino de manera que caigan hacia la espalda.

Cocodrilo

Los cocodrilos son temibles. Son capaces de nadar a 40 km por hora impulsándose únicamente con la cola, de saltar del agua y de correr, y sus ojos producen burbujas y espuma cuando comen (de ahí la expresión «lágrimas de cocodrilo», que no tiene nada que ver con el remordimiento). El cocodrilo invadió los sueños de quienes leímos o vimos *Peter Pan* desde una edad muy temprana, siempre acechando al capitán Garfio. En comparación, nuestra versión de punto resulta adorable.

Cocodrilo

Nuestro cocodrilo de punto
da mucho menos miedo
que uno de verdad.

Medidas
Longitud: 32 cm.

Materiales
- Un par de agujas de tejer de 2 ¾ mm
- 20 g de Rowan Fine Tweed en Hubberholme 370 (hu)
- 15 g de Rowan Felted Tweed en Celadon 184 (ce)
- Una pequeña cantidad de Rowan Pure Wool de 4 dobleces en Porcelaine 451 (pr) para los dientes
- 2 limpiapipas para las patas
- 2 cuentas negras muy pequeñas para los ojos, aguja e hilo negro para coserlas

Abreviaturas
Véase pág. 172.
Véase pág. 173, Punto bucle. Trabajar con punto bucle con 1 dedo en todo este patrón.
NOTA: en las filas de cordoncillo trenzado, los ps se tejen y se pierden. La cuenta de puntos no incluye el aumento trabajado para el cordoncillo trenzado.

Pata trasera derecha
Con hu, montar 11 ps.
Emp con una fila en tpd, trabajar 10 filas en pj.
Fila 11: tpd2j, tpd 7, tpd2j (9 ps).
Trabajar 11 filas en pj.
Fila 23: tpd 1, aum, tpd 5, aum, tpd 1 (11 ps).
Trabajar 3 filas en pj.*
Fila 27: tpd 1, pb 5, tpd 5.
Rematar.

Pata trasera izquierda
Tejer como la pata trasera derecha hasta *.
Fila 27: tpd 5, pb 5, tpd 1.
Rematar.

Pata delantera
(Tejer 2 iguales)
Con hu, montar 9 ps.
Emp con una fila en tpd, trabajar 10 filas en pj.
Fila 11: tpd2j, tpd 5, tpd2j (7 ps).
Trabajar 11 filas en pj.

Cuerpo
El cocodrilo se elabora con cordón tejido en el lomo para crear el aspecto irregular de la piel.

Fila 23: tpd 1, aum, tpd 3, aum, tpd 1 (9 ps).
Trabajar 3 filas en pj.
Fila 27: tpd 2, pb 5, tpd 2.
Rematar.

Parte superior del cuerpo
Con hu, montar 3 ps.
Emp con una fila en tpd, trabajar 8 filas en pj.
Fila 9: aum, tpd 1, aum (5 ps)
Trabajar 8 filas en pj.
*Fila 18 (LD): pr 2, tpd en la parte delantera y la trasera del siguiente p (así se forma la primera fila de cordoncillo trenzado, a partir de ahora CT), pr 2.

Fila 19: tpd 2, pr2j (así se forma la segunda fila de cordoncillo trenzado, a partir de ahora CTpr2j), tpd 2.

Fila 20: punto revés.

Fila 21: punto derecho.*

Rp desde * hasta * 2 veces más.

Fila 30: aum, pr 1, CT, pr 1, aum (7 ps).

Fila 31: tpd 3, CTpr2j, tpd 3.

Trabajar 2 filas en pj.

Fila 34: pr 3, CT, pr 3.

Fila 35: tpd 3, CTpr2j, tpd 3.

Trabajar 2 filas en pj.

Fila 38: aum, pr 2, CT, pr 2, aum (9 ps).

Fila 39: tpd 4, CTpr2j, tpd 4.

Trabajar 2 filas en pj.

Fila 42: pr 4, CT, pr 4.

Fila 43: tpd 4, CTpr2j, tpd 4.

Trabajar 2 filas en pj.

Fila 46: aum, pr 3, CT, pr 3, aum (11 ps).

Fila 47: tpd 5, CTpr2j, tpd 5.

Trabajar 2 filas en pj.

Fila 50: aum, pr 4, CT, pr 4, aum (13 ps).

Fila 51: tpd 6, CTpr2j, tpd 6.

Trabajar 2 filas en pj.

Fila 54: pr 2, CT, pr 3, CT, pr 3, CT, pr 2.

Fila 55: tpd 2, CTpr2j, tpd 3, CTpr2j, tpd 3. CTpr2j, tpd 2.

Trabajar 2 filas en pj.

Fila 58: aum, pr 1, CT, pr 3, CT, pr 3, CT, pr 1, aum (15 ps).

Fila 59: tpd 3, CTpr2j, tpd 3, CTpr2j, tpd 3, CTpr2j, tpd 3.

Trabajar 2 filas en pj.

Fila 62: pr 3, CT, pr 3, CT, pr 3, CT, pr 3.

Fila 63: tpd 3, CTpr2j, tpd 3, CTpr2j, tpd 3, CTpr2j, tpd 3.

Trabajar 2 filas en pj.

Fila 66: aum, pr 2, CT, pr 3, CT, pr 3, CT, pr 2, aum (17 ps).

Fila 67: tpd 4, CTpr2j, tpd 3, CTpr2j, tpd 3, CTpr2j, tpd 4.

Trabajar 2 filas en pj.

Fila 70: aum, pr 3, CT, pr 3, CT, pr 3, CT, pr 3, aum (19 ps).

Fila 71: tpd 5, CTpr2j, tpd 3, CTpr2j, tpd 3, CTpr2j, tpd 5.

Trabajar 2 filas en pj.

Fila 74: aum, pr 4, CT, pr 3, CT, pr 3, CT, pr 4, aum (21 ps).

Fila 75: tpd 6, CTpr2j, tpd 3, CTpr2j, tpd 3, CTpr2j, tpd 6.

Trabajar 2 filas en pj.

Fila 78: aum, pr 5, CT, pr 3, CT, pr 3, CT, pr 5, aum (22 ps).

Fila 79: tpd 7, CTpr2j, tpd 3, CTpr2j, tpd 3, CTpr2j, tpd 7.

Trabajar 2 filas en pj.

Fila 82: **pr 7, CT, pr 3, CT, pr 3, CT, pr 7.

Fila 83: tpd 7, CTpr2j, tpd 3, CTpr2j, tpd 3, CTpr2j, tpd 7.

Trabajar 2 filas en pj.**

Rp desde ** hasta ** 2 veces más.

Fila 94: pr2j, pr 5, CT, pr 3, CT, pr 3, CT, pr 5, pr2j (21 ps).

Fila 95: tpd 6, CTpr2j, tpd 3, CTpr2j, tpd 3, CTpr2j, tpd 6.

Trabajar 2 filas en pj.

Fila 98: pr2j, pr 4, CT, pr 3, CT, pr 3, CT, pr 4, pr2j (19 ps).

Fila 99: tpd 5, CTpr2j, tpd 3, CTpr2j, tpd3, CTpr2j, tpd 5.

Trabajar 2 filas en pj.

Fila 102: pr2j, pr 3, CT, pr 3, CT, pr 3, CT, pr 3, pr2j (17 ps).

Fila 103: tpd 4, CTpr2j, tpd 3, CTpr2j, tpd 3, CTpr2j, tpd 4.

Trabajar 2 filas en pj.

Fila 106: pr2j, pr 2, CT, pr 3, CT, per 3, CT, pr 2, pr2j (15 ps).

Fila 107: tpd 3, CTpr2j, tpd 3, CTpr2j, tpd 3, CTpr2j, tpd 3.

Trabajar 2 filas en pj.

Fila 110: pr2j, pr 1, CT, pr 3, CT, pr 3, CT, pr 1, pr2j (13 ps).

Fila 111: tpd 2, CTpr2j, tpd 3, CTpr2j, tpd 3, CTpr2j, tpd 2.

Fila 112: pr2j, pr 9, pr2j (11 ps).

Fila 113: punto derecho.

Fila 131: tpd 2, CTpr2j, tpd 2, CTpr2j, tpd 2, CTpr2j, tpd 2.
Trabajar 2 filas en pj.
Fila 134: pr2j, pr 3, CT, pr 3, pr2j (9 ps).
Fila 135: tpd 4, CTpr2j, tpd 4.
Trabajar 2 filas en pj.
Fila 138: pr2j, pr 2, CT, pr 2, pr2j (7 ps).
Fila 139: tpd 3, CTpr2j, tpd 3.
Fila 140: punto revés.
Fila 141: punto derecho.
Fila 142: punto revés.
Fila 143: tpd2j, tpd 3, tpd2j (5 ps).
Fila 144: punto revés.
Rematar.

Barriga

Con ce, montar 2 ps.
Emp con una fila en tpd, trabajar 8 filas en pj.
Fila 9: [aum] 2 veces (4 ps).
Trabajar 20 filas en pj.
Fila 30: aum, pr 2, aum (6 ps).
Trabajar 8 filas en pj.
Fila 39: aum, tpd 4, aum (8 ps).
Trabajar 7 filas en pj.
Fila 47: aum, tpd 6, aum (10 ps).
Trabajar 3 filas en pj.
Fila 51: aum, tpd 8, aum (12 ps).
Trabajar 7 filas en pj.
Fila 59: aum, tpd 10, aum (14 ps).
Trabajar 7 filas en pj.
Fila 67: aum, tpd 12, aum (16 ps).
Trabajar 3 filas en pj.
Fila 71: aum, tpd 14, aum (18 ps).
Trabajar 19 filas en pj.
Fila 91: tpd2j, tpd 14, tpd2j (16 ps).
Fila 92: punto revés.
Fila 93: tpd2j, tpd 12, tpd2j (14 ps).
Fila 94: punto revés.
Fila 95: tpd2j, tpd 10, tpd2j (12 ps).
Fila 96: punto revés.
Fila 97: tpd2j, tpd 8, tpd2j (10 ps).
Fila 98: punto revés.
Fila 99: tpd2j, tpd 6, tpd2j (8 ps).
Trabajar 5 filas en pj.

Dientes

Los dientes del cocodrilo son puntadas crema verticales. Puede hacerlas del tamaño que desee.

Fila 114: pr 5, CT, pr 5.
Fila 115: tpd2j, tpd 3, CTpr2j, tpd 3, tpd2j (9 ps).
Fila 116: punto revés.
Fila 117: punto derecho.
Fila 118: pr 4, CT, pr 4.
Fila 119: aum, tpd 3, CTpr2j, tpd 3, aum (11 ps).
Fila 120: aum, pr 9, aum (13 ps).
Fila 121: punto derecho.
Fila 122: pr 2, CT, pr 3, CT, pr 3, CT, pr 2.
Fila 123: tpd 2, CTpr2j, tpd 3, CTpr2j, tpd 3, CTpr2j, tpd 2.
Trabajar 2 filas en pj.
Fila 126: pr 6, CT, pr 6.
Fila 127: tpd 6, CTpr2j, tpd 6.
Fila 128: punto revés.
Fila 129: tpd2j, tpd 9, tpd2j (11 ps).
Fila 130: pr 2, CT, pr 2, CT, pr 2, CT, pr 2.

Fila 105: aum, tpd 6, aum (10 ps).
Trabajar 7 filas en pj.
Fila 113: tpd2j, tpd 6, tpd2j (8 ps).
Trabajar 3 filas en pj.
Fila 117: tpd2j, tpd 4, tpd2j (6 ps).
Fila 118: punto revés.
Fila 119: tpd2j, tpd 2, tpd2j (4 ps).
Trabajar 5 filas en pj.
Rematar.

Acabados

COSER LOS EXTREMOS Deje los extremos
de la fila montada y las filas rematadas para
coserlos.

PATAS Con los LD juntos, doble la pata por
la mitad. Empiece a coser las patas hacia
arriba por el extremo de las pezuñas, por el LD.
Los limpiapipas dan rigidez a las patas y permiten
doblarlas según la forma deseada. Corte un
limpiapipas de manera que coincida con las patas
delanteras, pero dejando 2,5 cm de más en ambos
extremos. Doble los extremos para evitar que el
limpiapipas se salga. Enrolle un poco de relleno
alrededor de cada limpiapipas e introdúzcalo en
las patas. Repita con el segundo limpiapipas y las
patas traseras. Sitúe las patas delanteras a unos
9 cm de la nariz y las traseras a 16 cm del extremo
de la cola.

CUERPO El lado de pj inv es el LD de la parte
superior del cuerpo y de la barriga. Con los LR
juntos, cosa la parte superior del cuerpo y la
barriga a ambos lados del cocodrilo, sujetando
las patas a medida que trabaja y dejando un hueco
de 2,5 a un lado.

RELLENO Rellene de manera que el cocodrilo
quede firme y cosa el hueco.

DIENTES Con pr, realice 6 ps verticales a cada lado
de la cabeza; empiece con una longitud de 5 mm
y vaya reduciendo hacia el final del hocico hasta
3 mm, dejando 5 mm entre cada puntada.

OJOS Cosa las cuentas negras para los ojos a 4 cm
del final del hocico.

Koala

El koala, un marsupial, lleva a sus crías en una bolsa o agarradas a la espalda. Debido a que se alimenta exclusivamente de eucalipto, el koala solo puede vivir en el sur y el este de Australia. Poseen unas sofisticadas pezuñas para agarrarse a los árboles y, en general, son criaturas nocturnas. Contrariamente a lo que se cree, los koalas no son osos; lo más probable es que esa idea se difundiera debido a la similitud de la cabeza de estos dos animales. De pequeña mi juguete preferido fue un koala de peluche llamado Ossie (Joanna).

Koala

Este adorable koala resulta fácil de tejer, aunque cuenta con dos secciones trabajadas con el método de enrollar y girar.

Medidas

Ancho (incluyendo las patas): 11 cm.
Altura hasta la parte superior de la cabeza (sentado): 14 cm.

Materiales

- Un par de agujas de tejer de 2 ¾ mm
- Agujas de tejer de doble punta (para sujetar los puntos) de 2 ¾ mm
- 30 g de Rowan Wool Cotton en Misty 903 (my)
- 10 g de Rowan Kidsilk Haze en Pearl 590 (pe) utilizado DOBLE en todo el patrón
- Una pequeña cantidad de Rowan Pure Wool de 4 dobleces en Black 404 (bl) para la nariz, los ojos y las pezuñas
- 2 limpiapipas para las patas
- Aguja de ganchillo para los mechones sueltos

Abreviaturas

Véase pág. 172.
Véase pág. 172, Enrollar y girar.
Véase pág. 172, Tejer con diferentes colores.
Véase pág. 172, Filas cortas.
Véase pág. 173, Punto bucle. Trabajar con punto bucle con 2 dedos en todo el patrón.
NOTA: este animal no tiene cola.

Pata trasera derecha

Con my, montar 9 ps.
Emp con una fila en tpd, trabajar 6 filas en pj.
Fila 7: tpd 2, [aum] 2 veces, tpd 1, [aum] 2 veces, tpd 2 (13 ps).
Fila 8: punto revés.
Fila 9: tpd 3, aum, tpd 1, aum, tpd 1, aum, tpd 1, aum, tpd 3 (17 ps).
Fila 10: punto revés.
Fila 11: tpd 7, aum, tpd 1, aum, tpd 7 (19 ps).
Fila 12: punto revés.
Fila 13: tpd 8, aum, tpd 1, aum, tpd 8 (21 ps).
Fila 14: punto revés.
Fila 15: tpd 9, aum, tpd 1, aum, tpd 9 (23 ps).
Fila 16: punto revés.
Fila 17: tpd 9, tpd2j, tpd 1, tpd2j, tpd 9 (21 ps).
Fila 18: pr 8, pr2j, pr 1, pr2j, pr 8* (19 ps).
Fila 19: rematar 8 ps, tpd hasta el final (sujetar 11 ps en la aguja suelta para la espalda).

Pata trasera izquierda

Tejer como la pata trasera derecha hasta *.
Fila 19: tpd 11, rematar 8 ps (sujetar 11 ps en la aguja suelta para la espalda).

Espalda y cabeza

Fila 1: con my y los LD juntos, empezar en el centro de la pata trasera derecha y tpd 11 en la aguja suelta de la pata trasera derecha, montar 8 ps. Con los LD juntos, empezando en el borde exterior de la pata trasera izquierda, tpd 11 en la aguja suelta para la pata trasera izquierda (30 ps).
Fila 2: punto revés.
Fila 3: tpd 28, enrollar y girar (dejar 2 ps sin trabajar en la aguja izquierda).
Fila 4: pr 26, eyg.
Fila 5: tpd 25, eyg.
Fila 6: pr 24, eyg.
Fila 7: tpd 23, eyg.
Fila 8: pr 22, eyg.
Fila 9: tpd 21, eyg.
Fila 10: pr 20, eyg.
Fila 11: tpd 19, eyg.
Fila 12: pr 18, eyg.
Fila 13: tpd 17, eyg.
Fila 14: pr 16, eyg.
Fila 15: tpd 15, eyg.
Fila 16: pr 14, eyg.
Fila 17: tpd 15, eyg.
Fila 18: pr 16, eyg.
Fila 19: tpd 17, eyg.
Fila 20: pr 18, eyg.
Fila 21: tpd 19, eyg.
Fila 22: pr 20, eyg.
Fila 23: tpd 21, eyg.
Fila 24: pr 22, eyg.
Fila 25: tpd 6, tpd2j, tpd 6, tpd2j, tpd 7, eyg (21 ps).
Fila 26: pr 22, eyg.
Fila 27: tpd 23, eyg.
Fila 28: pr 24, eyg.
Fila 29: tpd 26 (28 ps en total).
Fila 30: punto revés.
Fila 31: tpd 8, tpd2j, tpd 8, tpd2j, tpd 8 (26 ps).
Trabajar 2 filas en pj.

Dar forma a las patas delanteras

Fila 34: pr 7, pr2j, pr 8, pr2j, pr 7, montar 6 ps (30 ps).
Fila 35: tpd 30, montar 6 ps (36 ps).
Fila 36: pr 36, montar 5 ps (41 ps).
Fila 37: tpd 41, montar 5 ps (46 ps).
Fila 38: punto revés.
Fila 39: aum, tpd 44, aum (48 ps).
Fila 40: punto revés.
Fila 41: aum, tpd 46, aum (50 ps).
Fila 42: punto revés.
Fila 43: trabajar 13 ps para la pata delantera derecha, tpd 13 (sujetar los 37 ps restantes en la aguja suelta).
Fila 44: punto revés.
Añadir pe.
Fila 45: tpd2j my, tpd 7 my, tpd 4 pe (12 ps).
Fila 46: pr 5 pe, pr 7 my.
Fila 47: tpd2j my, tpd 4 my, tpd 6 pe (11 ps).
Fila 48: pr 8 pe, pr 3 my.
Fila 49: rematar 2 ps my, tpd my inclpm, tpd 8 pe (9 ps).
Cont con pe.

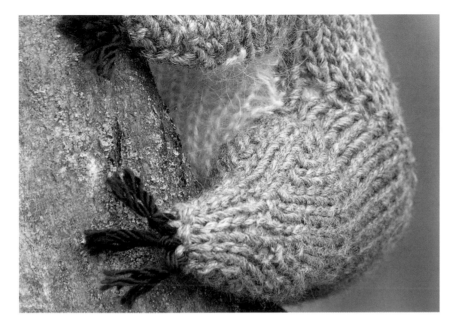

Pezuñas

Las pezuñas se añaden al final con el método de los flecos de bufanda, y después se cortan.

Fila 50: pr 7, pr2j (8 ps).
Fila 51: rematar 2 ps, tpd hasta el final (6 ps).
Fila 52: pr 4, pr2j (5 ps).
Fila 53: rematar.
Siguiente fila: volver a añadir my, tpd 7, tpd2j, tpd 6, tpd2j, tpd 7, trabajar 13 ps para la pata delantera izquierda, tpd 13 (sujetar los 22 ps restantes en la aguja suelta).
Siguiente fila: punto revés.
Volver a añadir pe.

Siguiente fila: tpd 4 pe, tpd 7 my, tpd2j my (12 ps).
Siguiente fila: pr 7 my, pr 5 pe.
Siguiente fila: tpd 6 pe, tpd 4 my, tpd2j my (11 ps).
Siguiente fila: pr 3 my, pr 8 pe.
Siguiente fila: tpd 9 pe, tpd 2 my.
Siguiente fila: rematar 2 ps my, pr 1 my inclpm, pr 8 pe (9 ps).
Cont con pe.
Siguiente fila: tpd 7, tpd2j (8 ps).
Siguiente fila: rematar 2 ps, pr hasta el final (6 ps).
Siguiente fila: tpd 4, tpd2j (5 ps).
Siguiente fila: rematar.

Dar forma al cuello y a la cabeza

Volver a añadir my.
Siguiente fila: trabajar 22 ps en el centro, punto revés.

Siguiente fila: tpd2j, tpd 18, tpd2j (20 ps).
Siguiente fila: punto revés.
Siguiente fila: tpd 19, enrollar y girar (dejar 1 p sin trabajar en la aguja izquierda).
Siguiente fila: pr 18, eyg.
Siguiente fila: tpd 17, eyg.
Siguiente fila: pr 16, eyg.
Siguiente fila: tpd 15, eyg.
Siguiente fila: pr 14, eyg.
Siguiente fila: tpd 13, eyg.
Siguiente fila: pr 12, eyg.
Siguiente fila: tpd 11, eyg.
Siguiente fila: pr 10, eyg.
Siguiente fila: tpd 11, eyg.
Siguiente fila: pr 12, eyg.
Siguiente fila: tpd 13, eyg.
Siguiente fila: pr 14, eyg.
Siguiente fila: tpd 15, eyg.
Siguiente fila: pr 16, eyg.
Siguiente fila: tpd 17, eyg.
Siguiente fila: pr 18, eyg.
Siguiente fila: tpd 19 (20 ps en total).
Siguiente fila: aum, pr 18, aum (22 ps).
Siguiente fila: aum, tpd 5, tpd2j, tpd 6, tpd2j, tpd 5, aum.
Siguiente fila: punto revés.
Siguiente fila: tpd2j, tpd 4, tpd2j, tpd 6, tpd2j, tpd 4, tpd2j (18 ps).
Siguiente fila: pr 4, pr2j, pr 6, pr2j, pr 4 (16 ps).
Siguiente fila: tpd 1, tpd2j, tpd 2, tpd2j, tpd 2, tpd2j, tpd 2, tpd2j, tpd 1 (12 ps).
Siguiente fila: pr 2, pr2j, pr 4, pr2j, pr 2 (10 ps).
Rematar.

Barriga

Con pe, montar 10 ps.
Emp con una fila en tpd, trabajar 18 filas en pj.
Fila 19: tpd2j, tpd 6, tpd2j (8 ps).
Trabajar 19 filas en pj.
Fila 39: tpd2j, tpd 4, tpd2j (6 ps).
Trabajar 5 filas en pj.
Fila 45: tpd2j, tpd 2, tpd2j (4 ps).
Fila 46: punto revés.
Rematar.

Cabeza

El hocico negro se teje por separado y después se cose.

Hocico

Con bl, montar 5 ps.
Emp con una fila en tpd, trabajar 4 filas en pj.
Fila 5: tpd2j, tpd 1, tpd2j (3 ps).
Fila 6: punto revés.
Rematar.

Oreja izquierda

Con my, montar 6 ps.
Emp con una fila en tpd, trabajar 5 filas en pj.
Fila 6: pr2j, pr 4 (5 ps).
Fila 7: tpd 3, tpd2j (4 ps).
Fila 8: pr2j, pr 2 (3 ps).
Fila 9: tpd 1, tpd2j (2 ps).
Fila 10: pr2j y atar.

Cara interior de la oreja izquierda

Con pe, montar 7 ps.
Fila 1: tpd 1, pb 3, tpd 3.
Fila 2: punto revés.
Fila 3: tpd 1, pb 1, tpd 5.
Fila 4: punto revés.
Fila 5: tpd 1, pb 1, tpd 5.
Fila 6: pr 5, pr2j (6 ps).
Fila 7: tpd2j, pb 1, tpd 3 (5 ps).
Fila 8: pr 3, pr2j (4 ps).
Fila 9: tpd2j, pb 1, tpd 1 (3 ps).
Fila 10: pr 1, pr2j (2 ps).
Fila 11: tpd2j y atar.

Oreja derecha

Con my, montar 6 ps.
Emp con una fila en tpd, trabajar 5 filas en pj.
Fila 6: pr 4, pr2j (5 ps).
Fila 7: tpd2j, tpd 3 (4 ps).
Fila 8: pr 2, pr2j (3 ps).
Fila 9: tpd2j, tpd 1 (2 ps).
Fila 10: pr2j y atar.

Cara interior de la oreja derecha

Con pe, montar 7 ps.
Fila 1: tpd 3, pb 3, tpd 1.
Fila 2: punto revés.
Fila 3: tpd 5, pb 1, tpd 1.
Fila 4: punto revés.
Fila 5: tpd 5, pb 1, tpd 1.
Fila 6: pr2j, pr 5 (6 ps).
Fila 7: tpd 3, pb 1, tpd2j (5 ps).
Fila 8: pr2j, pr 3 (4 ps).
Fila 9: tpd 1, pb 1, tpd2j (3 ps).
Fila 10: pr2j, pr 1 (2 ps).
Fila 11: pr2j y atar.

Acabados

COSER LOS EXTREMOS Deje los extremos de la fila montada y las filas rematadas para coserlos.

PATAS Con los LR juntos, doble las patas por la mitad. Empezando por la pezuña, cosa las patas por el LD hacia arriba.

CABEZA Doble la fila rematada de la cabeza por la mitad y cosa desde la nariz hasta la barbilla.

BARRIGA Cosa la fila montada de la barriga al trasero del koala. Afloje y cosa la barriga de manera que se ajuste al cuerpo y las curvas coincidan con las patas. Deje un hueco de 2,5 cm entre las patas delanteras y traseras, a un lado.

RELLENO Los limpiapipas sirven para dar rigidez a las patas y doblarlas según la forma deseada. Doble un limpiapipas en forma de U y compare la medida con las dos patas delanteras. Corte para ajustar y deje 2,5 cm de más, aproximadamente, en ambos extremos. Doble los extremos para evitar que el limpiapipas se salga de las pezuñas. Enrolle el limpiapipas con un poco de relleno e introdúzcalo en el cuerpo de manera que los extremos bajen por las patas delanteras. Repita con un segundo limpiapipas para las patas traseras. Rellene el koala con firmeza empezando por la cabeza y cosa el hueco. Dé forma al cuerpo cuando termine.

OREJAS Cosa la cara interior de la oreja a la parte posterior. Cosa la fila montada de cada oreja a la cabeza; deje 6 ps entre las orejas. Los bucles se sitúan en el borde exterior de las orejas.

OJOS Con bl, cosa nudos franceses de 3 bucles situados como se muestra en la fotografía.

HOCICO Con bl, cosa la nariz situada como se observa en la fotografía, con la fila rematada en la parte inferior.

PEZUÑAS Con un ganchillo y el método de los flecos de bufanda (*véase* pág. 173), y con 4 hebras de bl para cada pezuña, añada 4 penachos en la punta de las pezuñas y recorte.

Chimpancé

A todos nos gustan los chimpancés; son nuestros parientes más cercanos. Una marca de té recurrió a chimpancés disfrazados con fines publicitarios durante más de cuarenta años. Jilloch, una de las estrellas de los anuncios de la marca (PG Tips), murió a la relativamente temprana edad de 34 años. Un cuidador del zoo de Twycross, donde vivía, la describió como «tímida pero agradable; nunca permitió que la fama se le subiese a la cabeza». Los chimpancés del té fueron sustituidos por un mono de punto.

Chimpancé

Como en la vida real,
nuestro chimpancé es
capaz de adoptar todo
tipo de posturas.

Medidas

Altura hasta la parte superior de la cabeza: 25 cm.
Altura (sentado): 15 cm.

Materiales

- Un par de agujas de tejer de 2 ¾ mm
- 10 g de Rowan Pure Wool de 4 dobleces en
  Toffee 453 (tf)
- 20 g de Rowan Pure Wool de 4 dobleces en
  Black 404 (bl)
- 20 g de Rowan Kidsilk Haze en Wicked 599 (wk)
Nota: para algunas zonas de este animal se utiliza
1 hebra de wk y 1 de bl juntas; las llamamos wkbl
- Una pequeña cantidad de Rowan Kidsilk Haze
  en Cream 634 (cr) para la barba (DOBLE)
- 2 cuentas negras muy pequeñas para los ojos,
  aguja e hilo negro para coserlas
- 4 limpiapias para los brazos y las patas

Abreviaturas

Véase pág. 172.
Véase pág. 172, Enrollar y girar.
Véase pág. 173, Punto bucle. Trabajar con punto
bucle con 3 dedos en todo el patrón a menos que
se indique otra cosa. Cuando se trabaja con wkbl,
los bucles se realizan únicamente con wk.

Patas

(Tejer 2 iguales)

Con tf, montar 8 ps.

Emp con una fila en tpd, trabajar 10 filas en pj.

Cont con wkbl.

Fila 11: aum, tpd 6, aum (10 ps).

Trabajar 5 filas en pj.

Fila 17: aum, tpd 8, aum (12 ps).

Trabajar 3 filas en pj.

Fila 21: tpd 2, [punto bucle 1, tpd 1] hasta el final.

Fila 22: punto revés.

Fila 23: aum, tpd 10, aum (14 ps).

Trabajar 5 filas en pj.

Fila 29: como la fila 21.

Trabajar 5 filas en pj.

Fila 35: como la fila 21.

Fila 36: punto revés.

Fila 37: aum, tpd 12, aum (16 ps).

Trabajar 7 filas en pj.

Fila 45: como la fila 21.

Trabajar 3 filas en pj.

Rematar.

Brazos

(Tejer 2 iguales excepto la fila 7)

Con tf, montar 8 ps.

Emp con una fila en tpd, trabajar 6 filas en pj.

Fila 7, brazo derecho: pr 7, pb 1 (con 1 dedo).

Fila 7, brazo izquierdo: pb 1, pr 7 (pb con 1 dedo).

Añadir wkbl.

Trabajar 7 filas en pj.

Fila 15: aum, tpd 6, aum (10 ps).

Trabajar 3 filas en pj.

Fila 19: tpd 2, [puntada cadeneta 1, tpd 1] hasta el final.

Fila 20: punto revés.

Fila 21: aum, tpd 8, aum (12 ps).

Trabajar 5 filas en pj.

Fila 27: como la fila 19.

Trabajar 5 filas en pj.

Fila 33: como la fila 19.

Trabajar 9 filas en pj.

Fila 43: como la fila 19.

Trabajar 7 filas en pj.

Fila 51: como la fila 19.

Fila 52: punto revés.

Rematar.

Espalda y parte posterior de la cabeza

Con wkbl, montar 14 ps.

Emp con una fila en tpd, trabajar 8 filas en pj.

Fila 9: aum, tpd 12, aum (16 ps).

Fila 10: punto revés.

Fila 11: tpd 2, [puntada cadeneta 1, tpd 1] hasta el final.

Trabajar 7 filas en pj.

Fila 19: como la fila 11.

Fila 20: punto revés.

Fila 21: aum, tpd 14, aum (18 ps).

Trabajar 5 filas en pj.

Fila 27: como la fila 11.

Trabajar 5 filas en pj.

Fila 33: aum, tpd 16, aum (20 ps).

Fila 34: punto revés.

Fila 35: como la fila 11.

Trabajar 7 filas en pj.

Fila 43: como la fila 11.

Dar forma a los hombros

Fila 44: rematar 8 ps, pr hasta el final (12 ps).

Fila 45: rematar 8 ps, tpd hasta el final (4 ps).*

Fila 46: punto revés.

Fila 47: aum, tpd 2, aum (6 ps).

Fila 48: aum, pr 4, aum (8 ps).

Fila 49: aum, tpd 6, aum (10 ps).

Fila 50: aum, pr 8, aum (12 ps).

Fila 51: aum, tpd 10, aum (14 ps).

Fila 52: punto revés.

Fila 53: aum, tpd 12, aum (16 ps).

Fila 54: punto revés.

Fila 55: aum, tpd 14, aum (18 ps).

Trabajar 7 filas en pj.

Fila 63: tpd2j, tpd 10, eyg (dejar 6 ps sin trabajar en la aguja izquierda).

Fila 64: trabajar 6 ps solo para la parte superior de la cabeza, pr 6, eyg.

Brazos y patas

El chimpancé puede colocarse sentado o colgado gracias a los limpiapipas de los brazos y las patas.

Cabeza

El chimpancé tiene los ojos hundidos. Para conseguir ese efecto, cosa los ojos con nudos franceses a través de la parte posterior de la cabeza y manipule el relleno para formar las cejas.

Fila 65: tpd 6, eyg.
Fila 66: pr 6, eyg.
Fila 67: tpd 6, eyg.
Fila 68: pr 6, eyg.
Fila 69: tpd hasta los 2 últimos ps, tpd2j (16 ps en total).
Fila 70: pr2j, pr 12, pr2j (14 ps).
Fila 71: rematar 4 ps, tpd 6 inclpm, rematar 4 ps.
Fila 72: volver a juntar el hilo, rematar 6 ps.

Parte delantera del cuerpo y rostro

Trabajar como la espalda y la parte posterior de la cabeza hasta *.
Añadir 2 extremos de cr.
Fila 46: pr 4.
Fila 47: puntada cadeneta 4.
Cont con tf.
Fila 48: [aum] 4 veces (8 ps).
Fila 49: tpd 6, enrollar y girar (dejar 2 ps sin trabajar en la aguja izquierda).
Fila 50: trabajar 4 ps para el hocico, en el centro, pr 4, eyg.
Fila 51: tpd 4, eyg.
Fila 52: pr 4, eyg.
Fila 53: tpd 6 (8 ps en total).
Fila 54: pr 6, eyg (dejar 2 ps sin trabajar en la aguja izquierda).
Fila 55: trabajar 4 ps para el hocico, en el centro, tpd 4, eyg.
Fila 56: pr 4, eyg.
Fila 57: tpd 4, eyg.
Fila 58: pr 4, eyg.
Fila 59: tpd 6 (8 ps en total).
Fila 60: punto revés.
Trabajar 4 filas en pj.
Fila 65: aum, tpd 6, aum (10 ps).
Trabajar 3 filas en pj.
Rematar.

Oreja

(Tejer 2 iguales)
Con tf, montar 7 ps.
Tejer 2 filas en tpd.
Fila 3: tpd2j, tpd 3, tpd2j (5 ps).
Fila 4: punto derecho.
Fila 5: tpd2j, tpd 1, tpd2j (3 ps).
Rematar.

Acabados

COSER LOS EXTREMOS Deje los extremos de
la fila montada y las filas rematadas para coserlos.

CABEZA Con los LR juntos, cosa los dos lados
de la cabeza; una las filas rematadas del rostro
y de la parte posterior de la cabeza, y los lados del
rostro. Tendrá que acomodar la parte posterior
de la cabeza en el rostro, ya que por detrás hay
más filas. Deje un hueco de 2,5 cm a un lado para
introducir el relleno. Rellene la cabeza con firmeza;
asegúrese de rellenar bien el hocico para conseguir
la forma redondeada. Cosa la cabeza y los lados
del cuello hacia arriba.

BRAZOS, PATAS Y CUERPO Los limpiapipas
sirven para dar rigidez y forma a los brazos y las
patas. Mida los limpiapipas de manera que encajen
con los brazos y las patas, y deje 2,5 cm de más en
los extremos de las pezuñas. Doble esos extremos
para evitar que los limpiapipas se salgan. Enrolle
el limpiapipas con relleno y envuélvalo con la pieza
tejida; cosa por fuera. Doble el otro extremo de
los limpiapipas alrededor del anterior por dentro
del cuerpo. Cosa los brazos a los lados del cuerpo,
por debajo de la costura de los hombros; cosa
hacia abajo por un lado y sujete las patas a la
parte inferior de la costura lateral con los bordes
interiores del limpiapipas sujetos entre sí. Cosa la
parte inferior del cuerpo y el otro lado; deje un hueco
de 2,5 cm en un lado para rellenar el chimpancé.

RELLENO Rellene el cuerpo con firmeza y cosa
el hueco.

OJOS Con bl, cosa nudos franceses de 2 bucles
para los ojos 5 filas más abajo de la línea del
pelo y con 2 ps entre los ojos. Para que estos
tengan su característico aspecto hundido, tire
bien del hilo negro hasta la parte posterior de
la cabeza y cosa las cuentas negras encima.

OREJAS Cosa las orejas a los lados de la cabeza,
aproximadamente a 4 filas del lugar donde se
encuentran el rostro y la cabeza, y a unos 5 mm
de la parte superior de la cabeza.

BUCLES Corte los bucles del cuerpo y recorte la
barba.

León

Aslan, Simba, el León Cobarde, Elsa... El león ocupa un lugar especial en nuestra imaginación. El rey de las bestias representa un símbolo de valentía, majestuosidad, poder, ferocidad y también nobleza. La realidad es que los leones son los felinos salvajes más aletargados: se pasan hasta veinte horas al día sin hacer nada. El león es el único felino realmente social, aunque los machos tienen el hábito más bien antisocial del infanticidio para asegurarse su dominio. La población de leones africanos se ha reducido a la mitad desde la década de 1950.

León

Es majestuoso y no demasiado difícil de tejer una vez dominada la técnica del punto bucle.

Medidas

Longitud (excluyendo la cola): 25 cm.
Altura hasta la parte superior de la cabeza: 18 cm.

Materiales

- Un par de agujas de tejer de 3 ¼ mm
- Agujas de tejer de doble punta (para sujetar los puntos) de 3 ¼ mm
- 45 g de Rowan Pure Wool DK en Tan 054 (ta) utilizado DOBLE
- 10 g de Rowan Kidsilk Haze en Fudge 658 (fu)
Nota: en algunas zonas se utilizan 2 hebras de ta y 1 de fu juntas; lo llamamos tafu.
- Una pequeña cantidad de Rowan Kidsilk Haze en Cream 634 (cr) para la barba
- Una pequeña cantidad de Rowan Pure Wool de 4 dobleces en Black 404 (bl) para los ojos y la nariz
- 2 limpiapipas para las patas

Abreviaturas

Véase pág. 172.
Véase pág. 172, Enrollar y girar.
Véase pág. 173, Punto bucle. Trabajar con este punto con 2 dedos en todo el patrón.

Pata trasera derecha

Con ca, montar 11 ps.
Emp con una fila en tpd, trabajar 2 filas en pj.
Fila 3: aum, tpd 2, tpd2j, tpd 1, tpd2j, tpd 2, aum (11 ps).
Fila 4: punto revés.
Fila 5: aum, tpd 2, tpd2j, tpd 1, tpd2j, tpd 2, aum* (11 ps).
Trabajar 3 filas en pj.
Fila 9: tpd 4, aum, tpd 1, aum, tpd 4 (13 ps).
Fila 10: punto revés.
Fila 11: tpd2j, tpd 3, aum, tpd 1, aum, tpd 3, tpd2j (13 ps).
Fila 12: pr2j, pr 3, aum, pr 1, aum, pr 3, pr2j (13 ps).
Fila 13: tpd2j, tpd 1, aum, tpd 1, aum, tpd 1, aum, tpd 1, aum, tpd 1, tpd2j (15 ps).
Fila 14: punto revés.
Fila 15: tpd 6, aum, tpd 1, aum, tpd 6 (17 ps).
Fila 16: punto revés.
Fila 17: tpd 7, aum, tpd 1, aum, tpd 7 (19 ps).
Fila 18: punto revés.
Fila 19: tpd 8, aum, tpd 1, aum, tpd 8 (21 ps).
Fila 20: punto revés.
Fila 21: tpd 9, aum, tpd 1, aum, tpd 9 (23 ps).
Fila 22: punto revés.
Fila 23: tpd 10, aum, tpd 1, aum, tpd 10 (25 ps).
Fila 24: punto revés.**
Fila 25: rematar 12 ps, tpd hasta el final (sujetar 13 ps en la aguja suelta para el lado derecho del cuerpo).

Pata trasera izquierda

Tejer como la pata trasera derecha hasta **.
Fila 25: tpd 12, rematar 13 ps (sujetar 13 ps en la aguja suelta para el lado izquierdo del cuerpo).

Pata delantera derecha

Tejer como la pata trasera derecha hasta *.
Trabajar 9 filas en pj.
Fila 15: aum, tpd 9, aum (13 ps).
Trabajar 5 filas en pj.***
Fila 21: rematar 6 ps, tpd hasta el final (sujetar 7 ps en la aguja suelta para el lado derecho del cuerpo).

Cola

El león presenta un penacho en punto bucle al final de la cola.

Pata delantera izquierda

Tejer como la pata delantera derecha hasta ***.

Fila 21: tpd 7, rematar 6 ps (sujetar 7 ps en la aguja suelta para el lado izquierdo del cuerpo).

Lado derecho del cuerpo

Fila 1: con ca, montar 1 p, tpd 7 con la aguja suelta para la pata delantera derecha, montar 6 ps (14 ps).

Fila 2: pr 13, aum (15 ps).

Fila 3: tpd 15, montar 4 ps (19 ps).

Fila 4: pr 18, aum (20 ps).

Fila 5: tpd 20, montar 6 ps, tpd 13 con la aguja suelta de la pata trasera derecha, montar 2 ps (41 ps).

Fila 6: pr 41.

Añadir fu (1 hebra).

Fila 7: p bucle 3 tafu, tpd 38 ca.

Fila 8: punto revés con ca.

Fila 9: aum ca, tpd 40 ca (42 ps).

Fila 10: punto revés con ca.

Fila 11: p bucle 4 tafu, tpd 38 ca.

Trabajar 3 filas en pj con ca.

Fila 15: p bucle 5 tafu, tpd 37 ca.

Fila 16: pr2j ca, pr 40 ca (41 ps).

Fila 17: punto derecho con ca.

Fila 18: pr2j ca, pr 39 ca (40 ps).

Fila 19: p bucle 6 tafu, tpd 34 ca.

Fila 20: con ca, rematar 29 ps, pr hasta el final (sujetar 11 ps en la aguja suelta para el cuello).

Lado izquierdo del cuerpo

Fila 1: con ca, montar 1 p, pr 7 con la aguja suelta para la pata delantera izquierda, montar 6 ps (14 ps).

Fila 2: tpd 13, aum (15 ps).

Fila 3: pr 15, montar 4 ps (19 ps).

Fila 4: tpd 18, aum (20 ps).

Fila 5: pr 20, montar 6 ps, pr 13 con la aguja suelta para la pata trasera izquierda, montar 2 ps (41 ps).

Añadir fu (1 hebra).

Fila 6: tpd 38 ca, p bucle 3 tafu.

Fila 7: punto revés con ca.

Fila 8: tpd 40 ca, aum ca (42 ps).

Fila 9: punto revés con ca.

Fila 10: tpd 38 ca, p bucle 4 tafu.

Trabajar 3 filas en pj con ca.

Fila 14: tpd 37 ca, p bucle 5 tafu.

Fila 15: pr 40 ca, pr2j ca (41 ps).

Fila 16: punto derecho con ca.

Fila 17: pr 39 ca, pr2j ca (40 ps).

Fila 18: tpd 34 ca, p bucle 6 tafu.

Fila 19: punto revés con ca.

Fila 20: con ca, rematar 29 ps, tpd hasta el final (sujetar 11 ps en la aguja suelta para el cuello).

Cuello y cabeza

Fila 1: con ca y los LD juntos, tpd 11 con la aguja suelta para la parte derecha del cuerpo, tpd 11 con la aguja suelta para el lado izquierdo del cuerpo (22 ps).

Fila 2: punto revés.

Añadir fu (1 hebra).

Fila 3: p bucle 22 tafu.

Cont con tafu.

Fila 4: punto revés.

Fila 5: p bucle 22.

Fila 6: punto revés.

Fila 7: tpd 18, eyg (dejar 4 ps sin trabajar en la aguja izquierda).

Fila 8: 14 ps en el centro, pr 14, eyg.

Fila 9: p bucle 14, eyg.

Fila 10: pr 14, eyg.

Fila 11: tpd 14, eyg.

Fila 12: pr 14, eyg.

Fila 13: p bucle 14, tpd 4 (22 ps en total).

Fila 14: pr 22.

Fila 15: punto derecho.

Fila 16: punto revés.

Fila 17: tpd 6, p bucle 10, eyg (dejar 6 ps sin trabajar en la aguja izquierda).

Fila 18: trabajar 10 ps solo en el centro, pr 10, eyg.

Fila 19: tpd 10, eyg.

Fila 20: pr 10, eyg.

Fila 21: p bucle 10, tpd 6 (22 ps en total). Cont solo con ca.

Fila 22: punto revés.

Fila 23: tpd2j, tpd 4, tpd2j, tpd 6, tpd2j, tpd 4, tpd2j (18 ps).

Cabeza

La melena del león se compone de puntos bucle recortados, igual que la barba.

Fila 24: tpd2j, tpd 5, pr 1, tpd 2, pr 1, tpd 5, tpd2j (16 ps).
Fila 25: pr 6, tpd 1, pr 2, tpd 1, pr 6.
Fila 26: tpd2j, tpd 4, pr 1, tpd 2, pr 1, tpd 4, tpd2j (14 ps).

Fila 27: pr 5, tpd 1, pr 2, tpd 1, pr 5.
Fila 28: tpd 5, pr 1, tpd 2, pr 1, tpd 5.
Fila 29: pr 5, tpd 1, pr 2, tpd 1, pr 5.
Fila 30: tpd 5, pr 1, tpd 2, pr 1, tpd 5.
Fila 31: pr 5, tpd 1, pr 2, tpd 1, pr 5.
Fila 32: tpd 5, pr 1, tpd 2, pr 1, tpd 5.
Rematar.

Cola

Con ca, montar 5 ps.
Emp con una fila en tpd, trabajar 34 filas en pj.
Añadir fu (2 hebras).
Fila 35: p bucle 5.
Fila 36: punto revés.
Fila 37: p bucle 5.
Rematar.

Barriga

Con ca, montar 6 ps.
Emp con fila en tpd, trabajar 48 filas en pj.
Fila 49: tpd 1, p bucle 4, tpd 1.
Trabajar 3 filas en pj.
Rp filas 49-52 3 veces más.
Trabajar 22 filas en pj.
Fila 87: tpd2j, tpd 2, tpd2j (4 ps).
Fila 88: punto revés.
Añadir cr (2 hebras).
Trabajar 2 filas en pj.
Fila 91: p bucle 4.
Fila 92: punto revés.
Rematar.

Oreja

(Tejer 2 iguales).
Con ca, montar 5 ps.
Trabajar 6 filas en p de liga.
Fila 7: tpd2j, tpd 1, tpd2j (3 ps).
Fila 8: tpd3j y atar.

Acabados

COSER LOS EXTREMOS Deje los extremos de la fila montada y las filas rematadas para coserlos.

PATAS Con los LR juntos, doble la pata por la mitad. Empiece en la pezuña y cosa hacia arriba por el LD.

CABEZA Doble la fila rematada de la cabeza por la mitad y cosa desde el hocico hasta la barbilla.

CUERPO Cosa siguiendo el lomo hasta el trasero, que se cose alrededor.

BARRIGA Cosa la fila montada de la barriga hasta la parte inferior del trasero y la fila rematada hasta el hocico. Afloje y cosa la barriga. Deje un hueco de 2,5 cm entre las patas traseras y delanteras, a un lado.

RELLENO Se utilizan limpiapipas para dar rigidez a las patas y doblarlas. Doble un limpiapipas en forma de U y mida comparándolo con las dos patas delanteras. Córtelo de manera que encaje, pero deje 2,5 cm de más en ambos extremos. Doble dichos extremos para evitar que el limpiapipas se salga por las pezuñas. Enrolle relleno alrededor del limpiapipas e introdúzcalo en el cuerpo (un extremo hasta cada pata delantera). Repita con el segundo limpiapipas y las patas traseras. Empiece a rellenar el oso por la cabeza, pero no rellene el centro en exceso; pellizque el león en esa zona para que quede un poco encorvado. Cosa el hueco.

COLA Cosa la cola. Sujete la parte superior en el trasero y cosa 2 cm, aproximadamente, de la cola.

OREJAS Sujete la fila montada de las orejas a los lados de la cabeza del león, detrás de la última fila de bucles. Deje 8 ps entre las orejas.

OJOS Con bl, cosa ojos triangulares con 3 puntadas satinadas, de 3 mm en el borde interior y más pequeños hacia fuera. Deje 2 ps entre los ojos.

HOCICO Con bl, borde la nariz con 4 filas de puntada satinada; empiece con 5 mm en la parte superior de la nariz y aumente hasta 1 cm en la parte inferior, con una fila vertical de 1 cm de bl que baje desde el centro de la nariz.

MELENA Corte los bucles de la melena y la barba.

Leopardo

Esbelto, ágil y hermoso, el leopardo es un cazador excelente gracias a su velocidad y a su capacidad para trepar árboles. Se sabe que los leopardos heridos atacan a los humanos; un leopardo en Panar, en la India, mató a casi 400 personas después de ser atacado por un cazador furtivo. Finalmente, Jim Corbett, fundador de la maravillosa reserva de tigres Corbett en Uttarakhand, acabó con él. Los leopardos aparecen en escudos de armas porque son un símbolo de poder, fuerza y misterio. El leopardo ha sufrido varias adaptaciones: la pantera, por ejemplo, es un leopardo sin manchas, y el leopardo de las nieves (un pariente cercano) es de color blanco roto con manchas, lo que le ayuda a camuflarse en su hábitat.

Leopardo

Complejo y gratificante, el leopardo es uno de los animales más difíciles de tejer.

Medidas

Longitud: 20 cm.
Altura hasta la parte superior de la cabeza: 14 cm.

Materiales

- Un par de agujas de tejer de 2 ¾ mm
- Agujas de tejer de doble punta (para sujetar los puntos) de 2 ¾ mm
- 25 g de Rowan Pure Wool de 4 dobleces en Toffee 351 (tf)
- 10 g de Rowan Pure Wool de 4 dobleces en Black 404 (bl)
- 5 g de Rowan Pure Wool de 4 dobleces en Ochre 461 (oc)
- 10 g de Rowan Kidsilk Haze en Cream 634 (cr) utilizado DOBLE
- 3 limpiapipas para las patas y la cola
- Hilo de nailon transparente para los bigotes

Abreviaturas

Véase pág. 172.
Véase pág. 172, Tejer con diferentes colores.
Véase pág. 172, Filas cortas.

Pata trasera derecha

Con tf, montar 13 ps.
Emp con una fila en tpd, trabajar 2 filas en pj.
Fila 3: aum, tpd 3, tpd2j, tpd 1, tpd2j, tpd 3, aum (13 ps).
Fila 4: punto revés.
Fila 5: aum, tpd 1, [tpd2j] 2 veces, tpd 1, [tpd2j] 2 veces, tpd 1, aum (11 ps).
Añadir bl.*
Fila 6: pr 3 tf, pr 1 bl, pr 3 tf, pr 1 bl, pr 1 tf, pr 1 bl, pr 1 tf.
Fila 7: tpd 3 tf, tpd2j tf, tpd 1 bl, tpd2j tf, tpd 1 tf, tpd 1 bl, tpd 1 tf (9 ps).
Fila 8: punto revés con tf.
Fila 9: tpd 3 tf, tpd 1 bl, tpd 2 tf, tpd 1 bl, tpd 2 tf.
Fila 10: punto revés con tf.
Fila 11: tpd 1 tf, tpd 1 bl, tpd 2 tf, tpd 1 bl, tpd 4 tf.
Fila 12: punto revés con tf.
Fila 13: tpd 6 tf, tpd 2 bl, tpd 1 tf.
Fila 14: pr 5 tf, pr 2 bl, pr 2 tf.
Fila 15: tpd2j tf, tpd 1 tf, aum tf, tpd 1 tf, aum tf, tpd 1 tf, tpd2j tf (9 ps).
Fila 16: punto revés con tf.
Fila 17: pr2j tf, tpd 1 tf, aum tf, tpd 1 tf, aum tf, tpd 1 bl, tpd2j bl (9 ps).
Fila 18: pr 3 tf, aum tf, pr 1 tf, aum tf, pr 2 bl, pr 1 tf (11 ps).
Fila 19: tpd 4 tf, aum tf, tpd 1 bl, aum tf, tpd 4 tf (13 ps).
Fila 20: pr 2 tf, pr 2 bl, pr 4 tf, pr 2 bl, pr 3 tf.
Fila 21: tpd 4 tf, tpd 1 bl, aum tf, tpd 1 tf, aum tf, tpd 5 tf (15 ps).
Fila 22: pr 6 tf, pr 1 bl, pr 6 tf, pr 2 bl.
Fila 23: tpd 2 bl, tpd 4 tf, aum tf, tpd 1 tf, aum bl, tpd 6 tf (17 ps).
Fila 24: pr 2 tf, pr 2 bl, pr 5 tf, pr 2 bl, pr 6 tf.
Fila 25: tpd 7 tf, aum bl, tpd 1 tf, aum tf, tpd 2 tf, tpd 3 bl, tpd 2 tf (19 ps).
Fila 26: punto revés con tf.
Fila 27: tpd 8 tf, aum tf, tpd 1 tf, aum tf, tpd 2 bl, tpd 6 tf (21 ps).
Fila 28: pr 1 tf, pr 2 tf, pr 3 tf, pr 2 bl, pr 8 tf, pr 2 bl, pr 3 tf.
Fila 29: rematar 10 ps tf, tpd 7 tf inclpm, tpd 3 bl, tpd 1 tf (sujetar 11 ps en la aguja suelta para el lado derecho del cuerpo).

Pata trasera izquierda

Tejer como la pata trasera derecha hasta *.
Fila 6: pr 1 tf, pr 1 bl, pr 1 tf, pr 1 bl, pr 3 tf, pr 1 bl, pr 3 tf.
Fila 7: tpd 1 tf, tpd 1 bl, tpd 1 tf, tpd2j tof, tpd 1 bl, tpd2j tf, tpd 3 tf (9 ps).
Fila 8: punto revés con tf.
Fila 9: tpd 2 tf, tpd 1 bl, tpf 2 tf, tpd 1 bl, tpd 3 tf.
Fila 10: punto revés con tf.
Fila 11: tpd 4 tf, tpd 1 bl, tpf 2 tf, tpd 1 bl, tpd 1 tf.
Fila 12: punto revés con tf.
Fila 13: tpd 1 tf, tpd 2 bl, tpd 6 tf.
Fila 14: pr 2 tf, pr 2 bl, pr 5 tf.
Fila 15: tpd2j tf, tpd 1 tf, aum tf, tpd 1 tf, aum tf, tpd 1 tf, tpd2j tf (9 ps).
Fila 16: punto revés con tf.
Fila 17: tpd2j bl, tpd 1 tbl, aum tf, tpd 1 tf, aum tf, tpd 1 tf, tpd2j tf (9 ps).
Fila 18: pr 1 tf, pr 2 bl, aum tf, pr 1 tf, aum tf, pr 3 tf (11 ps).
Fila 19: tpd 4 tf, aum tf, tpd 1 bl, aum tf, tpd 4 tf (13 ps).
Fila 20: pr 3 tf, pr 2 bl, pr 4 tf, pr 2 bl, pr 2 tf.
Fila 21: tpd 5 tf, aum tf, tpd 1 tf, aum tf, tpd 1 bl, tpd 4 tf (15 ps).
Fila 22: pr 2 bl, pr 6 tf, pr 1 bl, pr 6 tf.
Fila 23: tpd 6 tf, aum tf, tpd 1 tf, aum bl, tpd 4 tf, tpd 2 bl (17 ps).
Fila 24: pr 6 tf, pr 2 bl, pr 5 tf, pr 2 bl, pr 2 tf.
Fila 25: tpd 2 tf, tpd 3 bl, tpd 2 tf, aum bl, tpd 1 tf, aum tf, tpd 7 tf (19 ps).
Fila 26: punto revés con tf.
Fila 27: tpd 6 tf, tpd 2 bl, aum tf, tpd 1 tf, aum tf, tpd 7 tf (21 ps).
Fila 28: pr 3 tf, pr 2 bl, pr 8 tf, pr 2 bl, pr 3 tf, pr 2 bl, pr 1 tf.
Fila 29: tpd 1 tf, tpd 3 bl, tpd 7 tf, rematar 10 ps tf (sujetar 11 ps en la aguja suelta para el lado izquierdo del cuerpo).

Pata delantera derecha

Tejer como la pata trasera derecha hasta *.
Fila 6: pr 3 tf, pr 1 bl, pr 3 tf, pr 1 bl, pr 2 tf, pr 1 bl.

Fila 12: punto revés con tf.
Fila 13: aum tf, tpd 2 tf, tpd 2 bl, tpd 2 tf, tpd 1 bl, aum tf (11 ps).
Fila 14: punto revés con tf.
Fila 15: tpd 2 tf, tpd 2 bl, tpd 2 tf, tpd 2 bl, tpd 3 tf.
Fila 16: pr 1 tf, pr 1 bl, pr 8 tf, pr 1 bl.
Fila 17: aum tf, tpd 3 tf, tpd 2 bl, tpd 4 tf, aum tf (13 ps).
Fila 18: pr 4 tf, pr 1 bl, pr 4 tf, pr 1 bl, pr 3 tf.
Fila 19: tpd 4 tf, tpd 2 bl, tpd 4 tf, tpd 1 bl, tpd 2 tf.
Fila 20: pr 1 tf, pr 2 bl, pr 7 tf, pr 2 bl, pr 1 tf.
Fila 21: aum tf, tpd 11 tf, aum tf (15 ps).
Fila 22: pr 5 tf, pr 2 bl, pr 2 tf, pr 1 bl, pr 5 tf.
Fila 23: tpd 4 tf, tpd 1 bl, tpd 3 tf, tpd 1 bl, tpd 6 tf.
Fila 24: pr 2 tf, pr 2 bl, pr 8 tf, pr 1 bl, pr 2 tf.
Fila 25: rematar 7 ps tf, tpd 8 tf inclpm (sujetar 8 ps en la aguja suelta para el lado derecho del cuerpo).

Pata delantera izquierda

Tejer como la pata trasera derecha hasta *.
Fila 6: pr 1 bl, pr 2 tf, pr 1 bl, pr 3 tf, pr 1 bl, pr 3 tf.
Fila 7: tpd 3 tf, tpd2j tf, tpd 1 tf, tpd2j tf, tpd 3 tf (9 ps).
Fila 8: pr 4 tf, pr 1 bl, pr 4 tf.
Fila 9: tpd 1 bl, tpd 2 tf, tpd 1 bl, tpd 2 tf, tpd 1 bl, tpd 2 tf.
Fila 10: punto revés con tf.
Fila 11: tpd 3 tf, tpd 1 bl, tpd 2 tf, tpd 1 bl, tpd 2 tf.
Fila 12: punto revés con tf.
Fila 13: aum tf, tpd 1 bl, tpd 2 tf, tpd 2 bl, tpd 2 tf, aum tf (11 ps).
Fila 14: punto revés con tf.
Fila 15: tpd 3 tf, tpd 2 bl, tpd 2 tf, tpd 2 bl, tpd 2 tf.
Fila 16: pr 1 bl, pr 8 tf, pr 1 bl, pr 1 tf.
Fila 17: aum tf, tpd 4 tf, tpd 2 bl, tpd 3 tf, aum tf (13 ps).
Fila 18: pr 3 tf, pr 1 bl, pr 4 tf, pr 1 bl, pr 4 tf.
Fila 19: tpd 2 tf, tpd 1 bl, tpd 4 tf, tpd 2 bl, tpd 4 tf.
Fila 20: pr 1 tf, pr 2 bl, pr 7 tf, pr 2 bl, pr 1 tf.
Fila 21: aum tf, tpd 11 tf, aum tf (15 ps).
Fila 22: pr 5 tf, pr 1 bl, pr 2 tf, pr 2 bl, pr 5 tf.
Fila 23: tpd 6 tf, tpd 1 bl, tpd 3 tf, tpd 1 bl, tpd 4 tf.
Fila 24: pr 2 tf, pr 1 bl, pr 8 tf, pr 2 bl, pr 5 tf.
Fila 25: tpd 8 tf, rematar 7 ps tf (sujetar 8 ps en la aguja suelta para el lado izquierdo del cuerpo).

Patas

Las patas son bastante finas; lo más sencillo es enrollar el limpiapipas con un poco de relleno, enrollar la pata tejida en torno al limpiapipas y coser por el lado derecho.

Fila 7: tpd 3 tf, tpd2j tf, tpd 1 tf, tpd2j tf, tpd 3 tf (9 ps).
Fila 8: pr 4 tf, pr 1 bl, pr 4 tf.
Fila 9: tpd 2 tf, tpd 1 bl, tpd 2 tf, tpd 1 bl, tpd 2 tf, tpd 1 bl.
Fila 10: punto revés con tf.
Fila 11: tpd 2 tf, tpd 1 bl, tpd 2 tf, tpd 1 bl, tpd 3 tf.

Cabeza

Cosa la costura central de la cabeza lo más pulida posible; utilice punto de festón.

Lado derecho del cuerpo y de la cabeza

Fila 1: con tf y bl, montar 1 p tf, con los LD juntos tpd 3 tf, tpd 1 bl, tpd 4 tf con la aguja suelta para la pata delantera derecha, montar 10 ps tf (19 ps). Añadir oc.

Fila 2: pr 2 tf, pr 1 bl, pr 11 tf, pr 1 bl, pr 1 oc, pr 3 tf.

Fila 3: aum tf, tpd 2 tf, tpd 1 bl, tpd 4 tf, tpd 1 bl, tpd 7 tf, tpd 2 bl, tpd 1 tf, montar 8 ps tf (28 ps).

Fila 4: pr 3 tf, pr 1 bl, pr 5 tf, pr 1 bl, pr 1 oc, pr 1 bl, pr 3 tf, pr 2 bl, pr 2 tf, pr 1 bl, pr 8 tf.

Fila 5: aum tf, tpd 10 tf, tpd 3 bl, tpd 2 tf, tpd 2 bl, tpd 4 tf, tpd 1 bl, tpd 2 oc, tpd 1 bl, tpd 2 tf, montar 5 ps tf, con los LD juntos tpd 8 tf, tpd 2 bl, tpd 1 tf con la aguja suelta para la pata trasera derecha, montar 2 ps tf (47 ps).

Fila 6: pr 15 tf, pr 1 bl, pr 5 tf, pr 1 bl, pr 1 oc, pr 1 bl, pr 8 tf, pr 1 bl, pr 1 oc, pr 1 bl, pr 5 tf, pr 2 bl, pr 5 tf.

Fila 7: aum tf, tpd 3 tf, tpd 1 bl, tpd 1 oc, tpd 1 bl, tpd 6 tf, tpd 1 bl, tpd 10 tf, tpd 1 bl, tpd 4 tf, tpd 1 bl, tpd 1 oc, tpd 1 bl, tpd 5 tf, tpd 3 bl, tpd 7 tf (48 ps).

Fila 8: pr 7 tf, pr 1 bl, pr 1 oc, pr 7 tf, pr 2 bl, pr 18 tf, pr 2 bl, pr 3 tf, pr 1 bl, pr 6 tf.

Fila 9: aum tf, tpd 1 tf, tpd 3 bl, tpd 5 tf, tpd 3 bl, tpd 4 tf, tpd 2 bl, tpd 3 tf, tpd 1 bl, tpd 4 tf, tpd 1 bl, tpd 6 tf, tpd 1 bl, tpd 9 tf, tpd 2 bl, tpd 2 tf (49 ps).

Fila 10: pr 2 tf, pr 1 bl, pr 1 oc, pr 1 bl, pr 7 tf, pr 1 bl, pr 1 oc, pr 1 bl, pr 5 tf, pr 2 bl, pr 2 tf, pr 1 bl, pr 1 oc, pr 3 tf, pr 1 bl, pr 1 oc, pr 4 tf, pr 1 bl, pr 1 oc, pr 1 bl, pr 4 tf, pr 1 bl, pr 1 oc, pr 1 bl, pr 3 tf.

Fila 11: tpd 3 tf, tpd 2 bl, tpd 5 tf, tpd 3 bl, tpd 5 tf, tpd 1 bl, tpd 4 tf, tpd 1 bl, tpd 3 tf, tpd 1 bl, tpd 1 oc, tpd 1 bl, tpd 3 tf, tpd 2 bl, tpd 1 oc, tpd 1 bl, tpd 8 tf, tpd 1 bl, tpd 3 tf.

Fila 12: pr 6 tf, pr 1 bl, pr 6 tf, pr 2 bl, pr 4 tf, pr 2 bl, pr 28 tf.

Fila 13: aum tf, tpd 5 tf, tpd 1 bl, tpd 8 tf, tp 1 bl, tpd 25 tf, tpd 3 bl, tpd 5 tf (50 ps).

Fila 14: pr 5 tf, pr 1 bl, pr 1 oc, pr 1 bl, pr 3 tf, pr 1 bl, pr 15 tf, pr 2 bl, pr 3 tf, pr 1 bl, pr 1 oc, pr 1 bl, pr 2 tf, pr 2 bl, pr 3 tf, pr 1 bl, pr 7 tf.

Fila 15: tpd 6 tf, tpd 1 oc, tpd 1 bl, tpd 2 tf, tpd 1 bl, tpd 1 oc, tpd 2 bl, tpd 1 tf, tpd 1 bl, tpd 1 oc, tpd 3 tf, tpd 1 bl, tpd 1 bl, tpd 2 tf, tpd 3 bl, tpd 3 tf, tpd 2 bl, tpd 4 tf, tpd 3 bl, tpd 3 tf, tpd 2 bl, tpd 2 tf, tpd 1 bl, tpd 1 oc, tpd 1 tf.

Fila 16: pr 1 tf, pr 1 bl, pr 1 oc, pr 7 tf, pr 1 bl, pr 1 oc, pr 2 bl, pr 2 tf, pr 1 bl, pr 2 oc, pr 1 bl, pr 2 tf, pr 1 bl, pr 1 oc, pr 4 tf, pr 1 bl, pr 4 tf, pr 1 bl, pr 2 tf, pr 1 bl, pr 2 oc, pr 1 bl, pr 7 tf, pr 1 bl, pr 2 tf, montar 10 ps tf (60 ps).

Fila 17: tpd 5 tf, aum tf, tpd 3 tf, aum tf, tpd 3 tf, tpd 2 bl, tpd 6 tf, tpd 2 bl, tpd 13 tf, tpd 2 bl, tpd 2 tf, tpd 3 bl, tpd 4 tf, tpd 2 bl, tpd 7 tf, tpd 2 bl, tpd 2 tf (62 ps).

Fila 18: pr 6 tf, pr 2 bl, pr 25 tf, pr 1 bl, pr 7 tf, pr 2 bl, pr 5 tf, pr 1 bl, aum tf, pr 1 bl, pr 3 tf, pr 1 bl, aum tf, pr 2 tf, pr 1 bl, pr 3 tf (64 ps).

Fila 19: tpd 1 tf, tpd 1 bl, tpd 3 tf, tpd 1 bl, aum tf, tpd 3 tf, tpd 1 bl, tpd 1 tf, aum tf, tpd 7 tf, tpd 1 bl, tpd 1 oc, tpd 1 bl, tpd 6 tf, tpd 1 bl, tpd 1 oc, tpd 2 tf, tpd 3 bl, tpd 7 tf, tpd 1 bl, tpd 12 tf, tpd 1 bl, tpd 1 oc, tpd 1 bl, tpd 3 tf, tpd2j tf (65 ps).

Fila 20: pr2j tf, pr 3 tf, pr 2 bl, pr 2 tf, pr 2 bl, pr 3 tf, pr 1 bl, pr 3 tf, pr 1 bl, pr 1 oc, pr 1 bl, pr 2 tf, pr 2 bl, pr 3 tf, pr 1 oc, pr 1 bl, pr 6 tf, pr 2 bl, pr 3 tf, pr 2 bl, pr 2 tf, pr 1 bl, pr 4 tf, aum tf, pr 1 bl, pr 5 tf, aum bl, pr 7 tf (66 ps).

Fila 21: tpd 3 tf, tpd 1 bl, tpd 4 tf, aum tf, tpd 1 bl, tpd 5 tf, aum tf, tpd 1 tf, tpd 2 bl, tpd 3 tf, tpd 1 bl, tpd 6 tf, tpd 1 bl, tpd 1 oc, tpd 1 bl, tpd 9 tf, tpd 1 bl, tpd 1 oc, tpd 1 bl, tpd 3 tf, tpd 2 bl, tpd 2 tf, tpd 1 bl, tpd 3 tf, tpd 1 bl, tpd 2 oc, tpd 1 bl, tpd 5 tf, tpd2j tf (67 ps).

Fila 22: pr2j tf, pr 5 tf, pr 2 bl, pr 4 tf (sujetar 12 ps en la aguja suelta para los cuartos traseros), rematar 17 ps tf, pr 4 tf inclpm, pr 1 bl, pr 10 tf, pr 1 bl, pr 4 tf, pr 1 bl, pr 3 tf, pr 1 bl, pr 12 tf (37 ps).

Fila 23: rematar 8 ps tf, tpd tf inclpm, tpd 1 bl, tpd 2 tf, tpd 1 bl, tpd 8 tf, tpd 1 bl, tpd 7 tf, tpd2j tf (28 ps).

Fila 24: pr2j tf, pr 5 tf, pr 1 bl, pr 6 tf, pr2j tf, pr 7 tf, pr2j tf, pr 3 tf (25 ps).

Fila 25: tpd2j tf, tpd 5 tf, tpd 1 bl, tpd 5 tf, tpd 1 bl, tpd 6 tf, tpd 1 bl, tpd 2 tf, tpd2j tf (23 ps).

Fila 26: rematar 5 ps tf, pr 3 tf inclpm, pr 1 bl, pr 2 tf, pr2j tf, pr 1 bl, pr 4 tf, pr2j tf, pr 1 tf, pr2j tf (15 ps).

Fila 27: tpd 3 tf, tpd2j tf, tpd 3 tf, tpd 1 bl, tpd 1 tf, tpd2j tf, tpd 3 tf (13 ps).

Fila 28: pr2j tf, pr 8 tf, pr 1 bl, pr 2 tf (12 ps).

Fila 29: tpd2j tf, tpd 2 tf, tpd2j tf, tpd 2 tf, tpd2j tf, tpd 2 tf (9 ps).

Fila 30: pr 2 tf, pr2j tf, pr 1 tf, pr 1 bl, pr2j tf, pr 1 tf (7 ps).

Fila 31: rematar.

Volver a añadir tf a los 12 ps restantes.

Siguiente fila: tpd2j, tpd 8, tpd2j (10 ps).
Rematar.

Lado izquierdo del cuerpo y de la cabeza

Fila 1: con tf y bl, montar 1 p tf; con los LR juntos pr 3 tf, pr 1 bl, pr 4 tf con la aguja suelta para la pata delantera izquierda, montar 10 ps tf (19 ps). Añadir oc.
Fila 2: tpd 2 tf, tpd 1 bl, tpd 11 tf, tpd 1 bl, tpd 1 oc, tpd 3 tf.
Fila 3: aum tf, pr 2 tf, pr 1 bl, pr 4 tf, pr 1 bl, pr 7 tf, pr 2 bl, pr 1 tf, montar 8 ps tf (28 ps).
Fila 4: tpd 3 tf, tpd 1 bl, tpd 5 tf, tpd 1 bl, tpd 1 oc, tpd 1 bl, tpd 3 tf, tpd 2 bl, tpd 2 tf, tpd 1 bl, tpd 8 tf.
Fila 5: aum tf, pr 10 tf, pr 3 bl, pr 2 tf, pr 2 bl, pr 4 tf, pr 1 bl, pr 2 oc, pr 1 bl, pr 2 tf, montar 5 ps tf, con los LR juntos pr 8 tf, pr 2 bl, pr 1 tf con la aguja suelta para la pata trasera izquierda, montar 2 ps tf (47 ps).
Fila 6: tpd 15 tf, tpd 1 bl, tpd 5 tf, tpd 1 bl, tpd 1 oc, tpd 1 bl, tpd 8 tf, tpd 1 bl, tpd 1 oc, tpd 1 bl, tpd 5 tf, tpd 2 bl, tpd 5 tf.
Fila 7: aum tf, pr 3 tf, pr 1 bl, pr 1 oc, pr 1 bl, pr 6 tf, pr 10 tf, pr 1 bl, pr 4 tf, pr 1 bl, pr 1 oc, pr 1 bl, pr 5 tf, pr 3 bl, pr 7 tf (48 ps).
Fila 8: tpd 7 tf, tpd 1 bl, tpd 1 oc, tpd 7 tf, tpd 2 bl, tpd 18 tf, tpd 2 bl, tpd 3 tf, tpd 1 bl, tpd 6 tf.
Fila 9: aum tf, pr 1 tf, pr 3 bl, pr 5 tf, pr 3 bl, pr 4 tf, pr 2 bl, pr 3 tf, pr 1 bl, pr 4 tf, pr 1 bl, pr 6 tf, pr 1 bl, pr 9 tf, pr 2 bl, pr 2 tf (49 ps).
Fila 10: tpd 2 tf, tpd 1 bl, tpd 1 oc, tpd 1 bl, tpd 7 tf, tpd 1 bl, tpd 1 oc, tpd 1 bl, tpd 5 tf, tpd 2 bl, tpd 2 tf, tpd 1 bl, tpd 1 oc, tpd 3 tf, tpd 1 bl, tpd 1 oc, tpd 4 tf, tpd 1 bl, tpd 2 oc, tpd 1 bl, tpd 4 tf, tpd 1 bl, tpd 1 oc, tpd 1 bl, tpd 3 tf.
Fila 11: pr 3 tf, pr 2 bl, pr 5 tf, pr 3 bl, pr 5 tf, pr 1 bl, pr 4 tf, pr 1 bl, pr 3 tf, pr 1 bl, pr 1 oc, pr 1 bl, pr 3 tf, pr 2 bl, pr 1 oc, pr 1 bl, pr 8 tf, pr 1 bl, pr 3 tf.
Fila 12: tpd 6 tf, tpd 1 bl, tpd 6 tf, tpd 2 bl, tpd 4 tf, tpd 2 bl, tpd 28 tf.
Fila 13: aum tf, pr 5 tf, pr 1 bl, pr 8 tf, tp 1 bl, pr 25 tf, pr 3 bl, pr 5 tf (50 ps).

Fila 14: tpd 5 tf, tpd 1 bl, tpd 1 oc, tpd 1 bl, tpd 3 tf, tpd 1 bl, tpd 15 tf, tpd 2 bl, tpd 3 tf, tpd 1 bl, tpd 1 oc, tpd 1 bl, tpd 2 tf, tpd 2 bl, tpd 3 tf, tpd 1 bl, tpd 7 tf.
Fila 15: pr 6 tf, pr 1 oc, pr 1 bl, pr 2 tf, pr 1 bl, pr 1 oc, pr 2 bl, pr 1 tf, pr 1 bl, pr 1 oc, pr 1 bl, pr 3 tf, pr 1 oc, pr 1 bl, pr 2 tf, pr 3 bl, pr 3 tf, pr 2 bl, pr 4 tf, pr 3 bl, pr 3 tf, pr 2 bl, pr 2 tf, pr 1 bl, pr 1 oc, pr 1 tf.
Fila 16: tpd 1 tf, tpd 1 bl, tpd 1 oc, tpd 7 tf, tpd 1 bl, tpd 1 oc, tpd 2 bl, tpd 2 tf, tpd 1 bl, tpd 2 oc, tpd 1 bl, tpd 2 tf, tpd 1 bl, tpd 1 oc, tpd 4 tf, tpd 1 bl, tpd 4 tf, tpd 1 bl, tpd 1 oc, tpd 1 bl, tpd 7 tf, tpd 1 bl, tpd 2 tf, montar 10 ps tf (60 ps).
Fila 17: pr 5 tf, aum tf, pr 3 tf, aum tf, pr 3 tf, pr 2 bl, pr 6 tf, pr 2 bl, pr 13 tf, pr 2 bl, pr 2 tf, pr 3 bl, pr 4 tf, pr 2 bl, pr 7 tf, pr 2 bl, pr 2 tf (62 ps).
Fila 18: tpd 6 tf, tpd 2 bl, tpd 25 tf, tpd 1 bl, tpd 7 tf, tpd 2 bl, tpd 5 tf, tpd 1 bl, aum tf, tpd 1 bl, tpd 3 tf, tpd 1 bl, aum tf, tpd 2 tf, tpd 1 bl, tpd 3 tf (64 ps).
Fila 19: pr 1 tf, pr 1 bl, pr 3 tf, pr 1 bl, aum tf, pr 3 tf, pr 1 bl, pr 1 tf, aum tf, pr 7 tf, pr 1 bl, pr 1 oc, pr 1 bl, pr 6 tf, pr 1 bl, pr 1 oc, pr 2 tf, pr 3 bl, pr 7 tf, pr 1 bl, pr 12 tf, pr 1 bl, pr 1 oc, pr 1 bl, pr 3 tf, pr2j tf (65 ps).
Fila 20: tpd2j tf, tpd 3 tf, tpd 2 bl, tpd 2 tf, tpd 2 bl, tpd 3 tf, tpd 1 bl, tpd 1 oc, tpd 1 bl, tpd 1 tf, tpd 2 tf, tpd 2 bl, tpd 3 tf, tpd 1 oc, tpd 1 bl, tpd 6 tf, tpd 2 bl, tpd 3 tf, tpd 2 bl, tpd 2 tf, tpd 1 bl, tpd 4 tf, aum tf, tpd 1 bl, tpd 5 tf, aum bl, tpd 7 tf (66 ps).
Fila 21: pr 3 tf, pr 1 bl, pr 4 tf, aum tf, pr 1 bl, pr 5 tf, aum tf, pr 1 tf, pr 2 bl, pr 3 tf, pr 1 bl, pr 6 tf, pr 1 bl, pr 1 oc, pr 1 bl, pr 9 tf, pr 1 bl, pr 1 oc, pr 1 bl, pr 3 tf, pr 2 bl, pr 2 tf, pr 1 bl, pr 3 tf, pr 1 bl, pr 2 oc, pr 1 bl, pr 5 tf, pr2j tf (67 ps).
Fila 22: tpd2j tf, tpd 5 tf, tpd 2 bl, tpd 4 tf (sujetar 12 ps en la aguja suelta para los cuartos traseros), rematar 17 ps tf, tpd 4 tf inclpm, tpd 1 bl, tpd 10 tf, tpd 1 bl, tpd 4 tf, tpd 1 bl, tpd 3 tf, tpd 1 bl, tpd 12 tf (37 ps).
Fila 23: rematar 8 ps tf, tpd tf inclpm, pr 1 bl, pr 2 tf, pr 1 bl, pr 8 tf, pr 1 bl, pr 7 tf, pr2j tf (28 ps).
Fila 24: tpd2j tf, tpd 5 tf, tpd 1 bl, tpd 6 tf, tpd2j tf, tpd 7 tf, tpd2j tf, tpd 3 tf (25 ps).

Fila 25: pr2j tf, pr 5 tf, pr 1 bl, pr 5 tf, pr 1 bl, pr 6 tf, pr 1 bl, pr 2 tf, pr2j tf (23 ps).
Fila 26: rematar 5 ps tf, tpd 3 tf inclpm, tpd 1 bl, tpd 2 tf, tpd2j tf, tpd 1 bl, tpd 4 tf, tpd2j tf, tpd 1 tf, tpd2j tf (15 ps).
Fila 27: pr 3 tf, pr2j tf, pr 3 tf, pr 1 bl, pr 1 tf, pr2j tf, pr 3 tf (13 ps).
Fila 28: tpd2j tf, tpd 8 tf, tpd 1 bl, tpd 2 tf (12 ps).
Fila 29: pr2j tf, pr 2 tf, pr2j tf, pr 2 tf, pr2j tf, pr 2 tf (9 ps).
Fila 30: tpd 2 tf, tpd2j tf, tpd 1 tf, tpd 1 bl, tpd2j tf, tpd 1 tf (7 ps).
Fila 31: rematar.
Tejer los 12 ps restantes añadiendo de nuevo tf.
Siguiente fila: pr2j, pr 8, pr2j (10 ps).
Rematar.

Barriga

Con cr, montar 8 ps.
Emp con una fila en tpd, trabajar 2 filas en pj.
Fila 3: tpd2j, tpd 4, tpd2j (6 ps).
Fila 4: pr2j, pr 2, pr2j (4 ps).
Trabajar 10 filas en pj.
Fila 15: aum, tpd 2, aum (6 ps).
Trabajar 9 filas en pj.
Fila 25: aum, tpd 4, aum (8 ps).
Trabajar 21 filas en pj.
Fila 47: tpd2j, tpd 4, tpd2j (6 ps).
Fila 48: pr2j, pr 2, pr2j (4 ps).
Trabajar 5 filas en pj.
Fila 54: aum, pr 2, aum (6 ps).
Añadir bl.
Fila 55: tpd 3 cr, tpd 2 bl, tpd 1 cr.
Trabajar 2 filas en pj con cr.
Fila 58: pr 4 cr, pr 1 bl, pr 1 cr.
Fila 59: tpd 4 cr, tpd 1 bl, tpd 1 cr.
Fila 60: punto revés con cr.
Fila 61: tpd 1 bl, tpd 4 cr, tpd 1 bl.
Trabajar 2 filas en pj con cr.
Fila 64: pr 2 cr, pr 1 bl, pr 3 cr.
Trabajar 2 filas en pj con cr.
Fila 67: tpd 2 cr, tpd 1 bl, tpd 1 cr, tpd 1 bl, tpd 1 cr.
Fila 68: pr 1 cr, pr 1 bl, pr 3 cr, pr 1 bl.
Trabajar 2 filas en pj con cr.

Cuerpo
Moldee el relleno para formar la cintura del leopardo.

Fila 71: tpd 2 cr, tpd 1 bl, tpd 3 cr.
Fila 72: punto revés con cr.
Fila 73: tpd 1 cr, tpd 1 bl, tpd 1 cr, tpd 2 bl, tpd 1 cr.
Fila 74: punto revés con cr.
Fila 75: tpd 1 bl, tpd 4 cr, tpd 1 bl.
Fila 76: punto revés con cr.
Rematar.

Oreja
(Tejer 2 iguales)
Con tf, montar 5 ps.
Tejer 4 filas.
Fila 5: tpd2j, tpd 1, tpd2j (3 ps).
Rematar.

Cola
Con tf, montar 10 ps.
Emp con una fila en tpd, trabajar 2 filas en pj.
Añadir bl.
Fila 3: tpd 3 tf, tpd 1 bl, tpd 6 tf.
Añadir oc.
Fila 4: pr 5 tf, pr 1 bl, pr 1 oc, pr 1 bl, pr 2 tf.

Fila 5: tpd 3 tf, tpd 1 bl, tpd 3 tf, tpd 1 bl, tpd 2 tf.
Fila 6: pr 1 tf, pr 1 bl, pr 1 oc, pr 1 bl, pr 6 tf.
Fila 7: tpd 7 tf, tpd 1 bl, tpd 2 tf.
Fila 8: pr 5 tf, pr 1 bl, pr 4 tf.
Fila 9: tpd2j tf, tpd 2 tf, tpd 1 bl, tpd 1 oc, tpd 2 tf, tpd2j tf (8 ps).
Fila 10: punto revés con tf.
Fila 11: tpd 5 tf, tpd 1 bl, tpd 2 tf.
Fila 12: pr 4 tf, pr 1 bl, pr 1 oc, pr 1 bl, pr 1 tf.
Fila 13: tpd 2 tf, tpd 1 bl, tpd 2 tf, tpd 1 bl, tpd 2 tf.
Fila 14: pr 4 tf, pr 1 bl, pr 1 oc, pr 1 bl, pr 1 tf.
Fila 15: tpd 2 tf, tpd 1 bl, tpd 5 tf.
Fila 16: punto revés con tf.
Fila 17: tpd 5 tf, tpd 1 bl, tpd 2 tf.
Fila 18: pr 2 tf, pr 1 bl, pr 1 oc, pr 4 tf.
Fila 19: tpd 4 tf, tpd 2 bl, tpd 2 tf.
Fila 20: pr 5 tf, pr 1 bl, pr 2 tf.
Fila 21: tpd 1 tf, tpd 1 bl, tpd 1 oc, tpd 1 bl, tpd 4 tf.
Fila 22: pr 5 tf, pr 1 bl, pr 2 tf.
Fila 23: tpd 5 tf, tpd 1 bl, tpd 2 tf.
Fila 24: pr 1 tf, pr 1 bl, pr 1 oc, pr 1 bl, pr 4 tf.
Fila 25: tpd 5 tf, tpd 1 bl, tpd 2 tf.

Fila 26: pr 5 tf, pr 1 bl, pr 2 tf.
Fila 27: tpdd2j tf, tpd 1 tf, tpd 1 bl, tpd 2 tf, tpd2j tf (6 ps).
Fila 28: punto revés con tf.
Fila 29: punto derecho con tf.
Fila 30: tpd 3 tf, tpd 1 bl, tpd 2 tf.
Fila 31: tpd 2 tf, tpd 1 bl, tpd 1 oc, tpd 1 bl, tpd 1 tf.
Fila 32: tpd 2 tf, tpd 1 bl, tpd 3 tf.
Fila 33: punto derecho con tf.
Fila 34: punto revés con tf.
Fila 35: tpd 1 tf, tpd 1 bl, tpd 4 tf.
Fila 36: pr 2 tf, pr 1 bl, pr 3 tf.
Fila 37: tpd2j, tpd 2 tf, tpd2j tf (4 ps).
Fila 38: punto revés con tf.
Fila 39: punto derecho con tf.
Fila 40: pr 1 tf, pr 1 bl, pr 2 tf.
Fila 41: tpd 1 tf, tpd 1 bl, tpd 2 tf.
Cont con tf.
Fila 42: punto revés.
Fila 43: punto derecho.
Fila 44: [pr2j] 2 veces (2 ps).
Fila 45: tpd2j y atar.

Acabados

COSER LOS EXTREMOS Deje los extremos de la fila montada y las filas rematadas para coserlos.

PATAS Con los LR juntos, doble las patas por la mitad y cósalas por los LD empezando por las pezuñas.

CABEZA Y CUERPO Doble por la mitad la fila rematada de la cabeza y cosa desde la nariz hasta la barbilla. Cosa el centro de la cabeza hacia arriba y siguiendo el lomo del leopardo hasta llegar a los cuartos traseros, que se cosen alrededor.

BARRIGA Cosa la fila montada de la barriga a la parte inferior de los cuartos traseros y la fila rematada a la barbilla. Afloje y cosa la barriga para que se ajuste al cuerpo y para que las curvas coincidan con las patas. Deje un hueco de 2,5 cm entre las patas delanteras y traseras, a un lado.

RELLENO Los limpiapipas sirven para dar rigidez a las patas y doblarlas. Doble un limpiapipas en forma de U y compare la medida con las patas delanteras. Corte de manera que coincidan, pero dejando 2,5 cm de más en ambos extremos. Doble esos extremos para impedir que el limpiapipas se salga por las pezuñas. Enrolle relleno alrededor del limpiapias e introdúzcalo en el cuerpo de manera que cada extremo baje hasta cada una de las patas delanteras. Repita con el segundo limpiapipas y las patas traseras. Empiece a rellenar por la cabeza de manera que quede firme. Cosa el hueco.

COLA Corte un limpiapipas 2,5 cm más largo que la cola. Enróllele relleno alrededor; envuélvalo con la cola y cosa. Introduzca el extremo que sobresale del limpiapipas en el leopardo, en el punto donde el lomo se une al trasero, y cosa la cola.

OREJAS Cosa la fila montada de cada oreja a la cabeza; deje 2 cm entre las orejas.

OJOS Con oc, cosa nudos franceses alargados de 3 bucles, ligeramente inclinados, como se observa en la fotografía.

HOCICO Con bl, borde la nariz con puntada satinada.

BIGOTES Corte 6 hebras de 10 cm de nailon transparente y páselas por la barbilla; recórtelas según la medida deseada.

Tigre

Considerado uno de los animales más populares
del mundo, el amenazado tigre es el felino más
grande y uno de los más rápidos. Debido a su
velocidad, su tenacidad y sus características manchas,
se trata de un personaje popular en los libros: Shere
Khan en *El libro de la selva*, Tigger en *Winnie-the-Pooh*
o *El tigre que vino a tomar el té* de Judith Kerr.
Mi prima de Italia cuidó de Wotan, un cachorro de tigre,
hasta que creció demasiado. Cree que Pi, de *La vida
de Pi*, no habría tenido tanto miedo de Richard Parker,
el tigre.

Tigre

Los limpiapipas resultan imprescindibles para conseguir el efecto de que el tigre está merodeando.

Medidas
Longitud (excluyendo la cola): 26 cm.
Altura hasta la parte superior de la cabeza: 13 cm.

Materiales
- Un par de agujas de tejer de 3 ¼ mm
- Agujas de tejer de doble punta (para sujetar los puntos y para la cola) de 3 ¼ mm
- 10 g de Rowan Kid Classic en Feather 828 (fr)
- 20 g de Rowan Kid Classic en Rosewood 870 (rd)
- 10 g de Rowan Kid Classic en Smoke 831 (sm)
- 3 limpiapipas para las patas y la cola

Abreviaturas
Véase pág. 172.
Véase pág. 172, Tejer con diferentes colores.
Véase pág. 172, Enrollar y girar.
Véase pág. 173, Punto bucle. Trabajar con punto bucle con 2 dedos en todo este patrón.

Pata trasera derecha
Con fr, montar 11 ps.
Emp con una fila en tpd, trabajar 2 filas en pj.
Añadir rd.
Fila 3: aum fr, tpd 2 fr, tpd2j fr, tpd 1 fr, tpd2j fr, tpd 2 rd, aum rd (11 ps).
Fila 4: pr 5 rd, pr 6 fr.
Fila 5: aum fr, tpd 2 fr, tpd2j fr, tpd 1 fr, tpd2j rd, tpd 2 rd, aum rd (11 ps).
Fila 6: pr 5 rd, pr 6 fr.*
Añadir sm.

Fila 7: tpd 6 fr, tpd 3 rd, tpd 1 sm, tpd 1 rd.
Fila 8: pr 2 rd, pr 1 sm, pr 2 rd, pr 6 fr.
Fila 9: tpd 4 fr, aum fr, tpd 1 fr, aum sm, tpd 1 sm, tpd 3 rd (13 ps).
Fila 10: pr 2 rd, pr 2 sm, pr 2 rd, pr 7 fr.
Fila 11: tpd2j fr, tpd 3 fr, aum fr, tpd 1 fr, aum rd, tpd 3 rd, tpd2j sm (13 ps).
Fila 12: pr2j rd, pr 3 rd, aum sm, pr 1 fr, aum fr, pr 3 fr, pr2j fr (13 ps).
Fila 13: tpd2j fr, tpd 1 fr, aum fr, tpd 1 fr, aum sm, tpd 1 sm, aum sm, tpd 1 sm, aum rd, tpd 1 rd, tpd2j rd (15 ps).
Fila 14: pr 3 rd, pr 1 sm, pr 3 rd, pr 3 fr, pr 1 sm, pr 4 fr.
Fila 15: tpd 2 fr, tpd 2 sm, tpd 2 fr, aum fr, tpd 1 fr, aum rd, tpd 3 rd, tpd 2 sm, tpd 1 rd (17 ps).
Fila 16: pr 1 sm, pr 4 rd, pr 1 sm, pr 2 rd, pr 7 fr, pr 2 sm.
Fila 17: tpd 7 fr, aum fr, tpd 1 fr, aum rd, tpd 2 rd, tpd 1 sm, tpd 2 rd, tpd 2 sm (19 ps).
Fila 18: pr 2 rd, pr 2 sm, pr 5 rd, pr 1 sm, pr 2 fr, pr 1 sm, pr 6 fr.
Fila 19: tpd 5 fr, tpd 1 sm, tpd 2 fr, aum fr, tpd 1 fr, aum sm, tpd 8 rd (21 ps).
Fila 20: pr 2 sm, pr 4 rd, pr 2 sm, pr 2 rd, pr 6 fr, pr 2 sm, pr 3 fr.
Fila 21: tpd 3 sm, tpd 6 fr, aum fr, tpd 1 fr, aum rd, tpd 3 rd, tpd 4 sm, tpd 2 rd (23 ps).
Fila 22: pr 5 rd, pr 1 sm, pr 5 rd, pr 12 fr.
Fila 23: rematar 11 ps fr, tpd 1 fr inclpm, tpd 4 rd, tpd 1 sm, tpd 6 rd (sujetar 12 ps en la aguja suelta para el lado derecho del cuerpo).

Pata trasera izquierda
Con fr, montar 11 ps.
Emp con una fila en tpd, trabajar 2 filas en pj.
Añadir rd.
Fila 3: aum rd, tpd 2 rd, tpd2j rd, tpd 1 fr, tpd2j fr, tpd 2 fr, aum fr (11 ps).
Fila 4: pr 6 fr, pr 5 rd.
Fila 5: aum rd, tpd 2 rd, tpd2j rd, tpd 1 fr, tpd2j fr, tpd 2 fr, aum fr (11 ps).
Fila 6: pr 6 fr, pr 5 rd.**
Añadir sm.

Fila 7: tpd 3 rd, tpd 1 sm, tpd 1 rd, tpd 6 fr.
Fila 8: pr 6 fr, pr 2 rd, pr 1 sm, pr 2 rd.
Fila 9: tpd 3 rd, tpd 1 sm, aum sm, tpd 1 fr, aum fr, tpd 4 fr (13 ps).
Fila 10: pr 7 fr, pr 2 rd, pr 2 sm, pr 2 rd.
Fila 11: tpd2j sm, tpd 3 rd, aum rd, tpd 1 fr, aum fr, tpd 3 fr, tpd2j fr (13 ps).
Fila 12: pr2j fr, pr 3 fr, aum fr, pr 1 fr, aum sm, pr 3 rd, pr2j rd (13 ps).
Fila 13: tpd2j rd, tpd 1 rd, aum rd, tpd 1 sm, aum sm, tpd 1 sm, aum sm, tpd 1 fr, tpd2j fr (15 ps).
Fila 14: pr 3 fr, pr 1 sm, pr 3 fr, pr 3 rd, pr 1 sm, pr 4 rd.
Fila 15: tpd 1 rd, tpd 2 sm, tpd 3 rd, aum rd, tpd 1 fr, aum fr, tpd 2 fr, tpd 2 sm, tpd 2 fr (17 ps).
Fila 16: pr 2 sm, pr 7 fr, pr 4 rd, pr 1 sm, pr 2 rd, pr 1 sm.
Fila 17: tpd 2 rd, tpd 1 sm, tpd 2 rd, tpd 2 sm, aum sm, tpd 1 fr, aum fr, tpd 7 fr (19 ps).
Fila 18: pr 6 fr, pr 1 sm, pr 2 fr, pr 1 sm, pr 5 rd, pr 2 sm, pr 2 rd.
Fila 19: tpd 8 rd, aum sm, tpd 1 fr, aum fr, tpd 2 fr, tpd 1 sm, tpd 5 fr (21 ps).
Fila 20: pr 3 fr, pr 2 sm, pr 6 fr, pr 2 rd, pr 2 sm, pr 4 rd, pr 2 sm.
Fila 21: tpd 3 rd, tpd 4 sm, tpd 2 rd, aum rd, tpd 1 fr, aum fr, tpd 6 fr, tpd 3 sm (23 ps).
Fila 22: pr 12 fr, pr 5 rd, pr 1 sm, pr 5 rd.
Fila 23: tpd 6 rd, tpd 1 sm, tpd 4 rd, tpd 1 fr, rematar 11 ps fr (sujetar 12 ps en la aguja suelta para el lado izquierdo del cuerpo).

Patas
Rellene bien las pezuñas
para acentuarlas.

Pata delantera derecha
Tejer como la pata trasera derecha hasta *.
Fila 7: tpd 6 fr, tpd 5 rd.
Fila 8: pr 5 rd, pr 6 fr.
Rp filas 7-8 1 vez más.
Añadir sm.
Fila 11: tpd 6 fr, tpd 1 rd, tpd 1 sm, tpd 3 rd.
Fila 12: pr 2 rd, pr 1 sm, pr 2 rd, pr 6 fr.
Fila 13: tpd 6 fr, tpd 3 rd, tpd 2 sm.
Fila 14: pr 5 rd, pr 6 fr.
Fila 15: aum fr, tpd 5 fr, tpd 4 rd, aum rd (13 ps).
Fila 16: pr 7 rd, pr 6 fr.
Fila 17: tpd 6 fr, tpd 5 rd, tpd 2 sm.
Fila 18: pr 4 rd, pr 1 sm, pr 2 rd, pr 6 fr.
Fila 19: rematar 6 ps fr, tpd 1 fr inclpm, tpd 2 rd, tpd 1 sm, tpd 3 rd (sujetar 7 ps en la aguja suelta para el lado derecho del cuerpo).

Pata delantera izquierda
Tejer como la pata trasera izquierda hasta **.
Fila 7: tpd 5 rd, tpd 6 fr.
Fila 8: pr 6 fr, pr 5 rd.
Rp filas 7-8 1 vez más.
Añadir sm.
Fila 11: tpd 3 rd, tpd 1 sm, tpd 1 rd, tpd 6 fr.
Fila 12: pr 6 fr, pr 2 rd, pr 1 sm, pr 2 rd.
Fila 13: tpd 2 sm, tpd 3 rd, tpd 6 fr.
Fila 14: pr 6 fr, pr 5 rd.
Fila 15: aum rd, tpd 4 rd, tpd 5 fr, aum fr (13 ps).
Fila 16: pr 6 fr, pr 7 rd.
Fila 17: tpd 2 sm, tpd 5 rd, tpd 6 fr.
Fila 18: pr 6 fr, pr 4 rd, pr 1 sm, pr 2 rd.
Fila 19: tpd 3 rd, tpd 1 sm, tpd 3 rd, rematar 6 ps (sujetar 7 ps en la aguja suelta para el lado izquierdo del cuerpo).

Lado derecho del cuerpo
Fila 1: con rd y con los LD juntos tpd 7 rd con la aguja suelta para la pata delantera derecha, montar 1 p rd, añadir fr, montar 13 ps fr (21 ps).
Añadir sm.
Fila 2: pr 1 sm, pr 3 fr, pr 2 sm, pr 2 fr, pr 2 sm, pr 3 fr, pr 7 rd, aum fr (22 ps).

Fila 3: tpd 2 fr, tpd 3 rd, tpd 1 sm, tpd 3 rd, tpd 4 fr, tpd 1 sm, tpd 3 fr, tpd 2 sm, tpd 2 fr, tpd 1 sm, montar 1 sm, 3 fr, 1 sm, 1 fr (28 ps).
Fila 4: pr 1 fr, pr 1 sm, pr 3 fr, pr 2 sm, pr 2 fr, pr 2 sm, pr 2 fr, pr 1 sm, pr 6 rd, pr 1 sm, pr 4 rd, pr 1 fr, aum fr (29 ps).
Fila 5: tpd 3 fr, tpd 4 rd, tpd 1 sm, tpd 9 rd, tpd 2 fr, tpd 1 sm, tpd 2 fr, tpd 2 sm, tpd 3 fr, tpd 1 sm, tpd 1 fr, montar 4 ps fr, con los LD juntos tpd 8 rd, tpd 1 sm, tpd 3 rd con la aguja suelta para la pata trasera derecha, montar 2 ps rd (47 ps).
Fila 6: pr 4 rd, pr 1 sm, pr 3 rd, pr 1 sm, pr 2 rd, pr 1 sm, pr 2 rd, pr 1 sm, pr 2 fr, pr 1 sm, pr 4 fr, pr 1 sm, pr 3 rd, pr 1 sm, pr 2 rd, pr 1 sm, pr 5 rd, aum rd, pr 1 rd, pr 1 sm, pr 3 rd, aum rd, pr 2 rd, pr 1 fr, aum fr (50 ps).
Fila 7: tpd 1 sm, tpd 2 fr, tpd 8 rd, tpd 1 sm, tpd 6 rd, tpd 2 sm, tpd 2 rd, tpd 1 sm, tpd 3 rd, tpd 1 sm, tpd 5 rd, tpd 1 sm, tpd 5 rd, tpd 1 sm, tpd 2 rd, tpd 1 sm, tpd 4 rd, tpd 1 sm, tpd 3 rd.
Fila 8: pr 2 rd, pr 1 sm, pr 2 rd, pr 1 sm, pr 1 rd, pr 1 sm, pr 3 rd, pr 1 sm, pr 5 rd, pr 1 sm, pr 4 rd, pr 3 sm, pr 2 rd, pr 1 sm, pr 3 rd, pr 1 sm, pr 5 rd, aum rd, pr 1 sm, pr 4 rd, aum rd, pr 3 rd, pr 1 fr, pr 1 sm, pr 1 fr (52 ps).
Fila 9: ptd 2 fr, tpd 2 sm, tpd 8 rd, tpd 1 sm, rpd 9 rd, tpd 2 sm, tpd 2 rd, tpd 1 sm, tpd 1 rd, tpd 4 rd, tpd 1 sm, tpd 2 rd, tpd 1 sm, tpd 3 rd, tpd 1 sm, tpd 2 rd, tpd 1 sm, tpd 2 rd, tpd 1 sm, tpd 2 rd, tpd 1 sm, tpd 1 rd.
Fila 10: pr 1 rd, pr 1 sm, pr 2 rd, pr 1 sm, pr 1 rd, pr 1 sm, pr 6 rd, pr 1 sm, pr 3 rd, pr 1 sm, pr 4 rd, pr 1 sm, pr 1 rd, pr 1 sm, pr 3 rd, pr 1 sm, pr 4 rd, pr 1 sm, pr 3 rd, aum rd, pr 6 rd, aum rd, pr 1 rd, pr 2 sm, pr 3 fr (54 ps).
Fila 11: tpd 3 fr, tpd 2 rd, tpd 1 sm, pr 1 rd, tpd 1 sm, tpd 6 rd, tpd 2 sm, tpd 4 rd, tpd 1 sm, tpd 3 rd, tpd 1 sm, tpd 4 rd, tpd 2 sm, tpd 5 rd, tpd 1 sm, tpd 3 rd, tpd 1 sm, tpd 6 rd, tpd 1 sm, tpd 1 rd, tpd 1 sm, tpd 4 rd.
Fila 12: pr 4 rd, pr 1 sm, pr 1 rd, pr 1 sm, pr 5 rd, pr 2 sm, pr 3 rd, pr 2 sm, pr 4 rd, pr 3 sm, pr 3 rd, pr 1 sm, pr 2 rd, pr 2 sm, pr 4 rd, pr 2 sm, pr 4 rd, pr 1 sm, pr 2 rd, pr 1 sm, pr 2 rd, pr 2 fr,

Cabeza y cuello

Ajuste el punto bucle para conseguir un cuello vistoso.

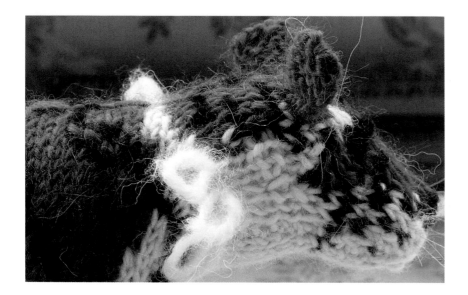

pr2j fr (53 ps, situar el marcador de contraste en el extremo del cuello).

Fila 13: tpd 3 fr, tpd 2 rd, tpd 1 sm, tpd 2 rd, tpd 1 sm, tpd 5 rd, tpd 2 sm, tpd 4 rd, tpd 1 sm, tpd 2 rd, tpd 1 sm, tpd 3 rd, tpd 2 sm, tpd 5 rd, tpd 2 sm, tpd 3 rd, tpd 2 sm, tpd 5 rd, tpd 1 sm, tpd 1 rd, tpd 1 sm, tpd 4 rd.

Fila 14: pr 2 rd, pr 1 sm, pr 1 rd, pr 1 sm, pr 3 rd, pr 1 sm, pr 3 rd, pr 2 sm, pr 3 rd, pr 1 sm, pr 1 rd, pr 1 sm, pr 4 rd, pr 2 sm, pr 2 rd, pr 1 sm, pr 3 rd, pr 1 sm, pr 4 rd, pr 1 sm, pr2j sm, pr 1 sm, pr 1 rd, pr 2 fr, pr2j fr (50 ps).

Fila 15: tpd 3 fr, tpd 3 rd, tpd2j sm, tpd 3 rd, tpd2j sm, tpd 10 rd, tpd 2 sm, tpd 5 rd, tpd 2 sm, tpd 3 rd, tpd 2 sm, tpd 1 sm, tpd 3 rd, tpd 1 sm, tpd 3 rd, tpd 1 sm, tpd 2 rd, tpd 1 sm, tpd2j rd (47 ps).

Fila 16: rematar 1 p rd, 1 p sm, 2 ps rd, 1 p sm, 3 ps rd, 1 p sm, 3 ps rd, 2 ps sm, 3 ps rd, 2 ps sm, 5 ps rd, 2 ps sm, 10 ps rd, pr 4 rd inclpm, pr 1 sm, pr 3 rd, pr 1 fr, pr2j fr (10 ps).

Fila 17: tpd2j fr, tpd 3 rd, tpd 1 sm, tpd 2 rd, tpd2j rd (8 ps).

Rematar 3 ps rd, 1 p sm, 3 ps rd, 1 p fr.

Lado izquierdo del cuerpo

Fila 1: con rd y con los LR juntos pr 7 rd con la aguja suelta para la pata delantera izquierda, montar 1 p rd, añadir fr, montar 13 ps fr (21 ps). Añadir sm.

Fila 2: tpd 1 sm, tpd 3 fr, tpd 2 sm, tpd 2 fr, tpd 2 sm, tpd 3 fr, tpd 7 rd, aum fr (22 ps).

Fila 3: pr 2 fr, pr 3 rd, pr 1 sm, pr 3 rd, pr 4 fr, pr 1 sm, pr 3 fr, pr 2 sm, pr 2 fr, pr 1 sm, montar 1 ps sm, 3 ps fr, 1 p sm, 1 p fr (28 ps).

Fila 4: tpd 1 fr, tpd 1 sm, tpd 3 fr, tpd 2 sm, tpd 2 fr, tpd 2 sm, tpd 3 fr, tpd 1 sm, tpd 6 rd, tpd 1 sm, tpd 4 rd, tpd 1 fr, aum fr (29 ps).

Fila 5: pr 3 fr, pr 4 rd, pr 1 sm, pr 9 rd, pr 2 fr, pr 1 sm, pr 2 fr, pr 2 sm, pr 3 fr, pr 1 sm, pr 1 fr, montar 4 ps fr, con los LR juntos pr 8 rd, pr 1 sm, pr 3 rd con la aguja suelta para la pata trasera izquierda, montar 2 ps rd (47 ps).

Fila 6: tpd 4 rd, tpd 1 sm, tpd 3 rd, tpd 1 sm, tpd 2 rd, tpd 1 sm, tpd 3 rd, tpd 1 sm, tpd 2 fr, tpd 1 sm, tpd 4 fr, tpd 1 sm, tpd 3 rd, tpd 1 sm, tpd 2 rd, tpd 1 sm, tpd 5 rd, aum rd, tpd 1 rd, tpd 1 sm, tpd 3 rd, aum rd, tpd 2 rd, tpd 1 fr, aum fr (50 ps).

Fila 7: pr 1 sm, pr 2 fr, pr 8 rd, pr 1 sm, pr 6 rd, pr 2 sm, pr 2 rd, pr 1 sm, pr 3 rd, pr 1 sm, pr 5 rd, pr 1 sm, pr 5 rd, pr 1 sm, pr 2 rd, pr 1 sm, pr 4 rd, pr 1 sm, pr 3 rd.

Fila 8: tpd 2 rd, tpd 1 sm, tpd 2 rd, tpd 1 sm, tpd 1 rd, tpd 1 sm, tpd 3 rd, tpd 1 sm, tpd 5 rd, tpd 1 sm, tpd 4 rd, tpd 3 sm, tpd 2 rd, tpd 1 sm, tpd 3 rd, tpd 1 sm, tpd 5 rd, aum rd, tpd 1 sm, tpd 4 rd, aum rd, tpd 3 rd, tpd 1 fr, tpd 1 sm, tpd 1 fr (52 ps).

Fila 9: pr 2 fr, pr 2 sm, pr 8 rd, pr 2 sm, pr 9 rd, pr 2 sm, pr 2 rd, pr 1 sm, pr 1 rd, pr 1 sm, pr 4 rd, pr 1 sm, pr 2 rd, pr 1 sm, pr 3 rd, pr 1 sm, pr 2 rd, pr 1 sm, pr 2 rd, pr 1 sm, pr 3 rd, pr 1 sm, pr 1 rd.

Fila 10: tpd 1 rd, tpd 1 sm, tpd 2 rd, tpd 1 sm, tpd 1 rd, tpd 1 sm, tpd 6 rd, tpd 1 sm, tpd 3 rd, tpd 1 sm, tpd 4 rd, tpd 1 sm, tpd 1 rd, tpd 1 sm, tpd 3 rd, tpd 1 sm, tpd 4 rd, tpd 1 sm, tpd 3 rd, aum rd, tpd 1 sm, tpd 6 rd, aum rd, tpd 1 rd, tpd 2 sm, tpd 3 fr (54 ps).

Fila 11: pr 3 fr, pr 2 rd, pr 1 sm, pr 1 rd, pr 1 sm, pr 6 rd, pr 2 sm, pr 4 rd, pr 1 sm, pr 3 rd, pr 1 sm, pr 4 rd, pr 2 sm, pr 5 rd, pr 1 sm, pr 3 rd, pr 1 sm, pr 6 rd, pr 1 sm, pr 1 rd, pr 1 sm, pr 4 rd.

Fila 12: tpd 4 rd, tpd 1 sm, pr 1 rd, tpd 1 sm, tpd 5 rd, tpd 2 sm, tpd 3 rd, tpd 2 sm, tpd 4 rd, tpd 3 sm, tpd 3 rd, tpd 1 sm, tpd 2 rd, tpd 2 sm, tpd 4 rd, tpd 2 sm, tpd 4 rd, tpd 1 sm, tpd 1 rd, tpd 1 sm, tpd 2 rd, tpd 2 fr, tpd2j fr (53 ps, situar el marcador de contraste en el extremo del cuello).

Fila 13: pr 3 fr, pr 2 rd, pr 1 sm, pr 2 rd, pr 1 sm, pr 5 rd, pr 2 sm, pr 4 rd, pr 1 sm, pr 2 rd, pr 1 sm, pr 3 rd, pr 2 sm, pr 5 rd, pr 2 sm, pr 3 rd, pr 2 sm, pr 5 rd, pr 1 sm, pr 1 rd, pr 1 sm, pr 4 rd.

Fila 14: tpd 2 rd, tpd 1 sm, tpd 1 rd, tpd 1 sm, tpd 3 rd, tpd 1 sm, tpd 3 rd, tpd 2 sm, tpd 3 rd, tpd 1 rd, tpd 1 sm, tpd 4 rd, tpd 2 sm, tpd 2 rd,

tpd 1 sm, tpd 3 rd, tpd 1 sm, tpd 4 rd, tpd 1 sm, tpd2j rd, tpd 3 rd, tpd 1 sm, tpd 1 rd, tpd2j sm, tpd 1 sm, tpd 1 rd, tpd 2 fr, tpd2j fr (50 ps).

Fila 15: pr 3 fr, pr 3 rd, pr2j sm, pr 3 rd, pr2j sm, pr 10 rd, pr 2 sm, pr 5 rd, pr 2 sm, pr 3 rd, pr 2 sm, pr 2 rd, pr 3 rd, pr 1 sm, pr 2 rd, pr 1 sm, pr2j rd (47 ps).

Fila 16: rematar 1 p rd, 1 p sm, 2 ps rd, 1 p sm, 3 ps rd, 1 p sm, 3 ps rd, 2 ps sm, 3 ps rd, 2 ps sm, 5 ps rd, 2 ps sm, 10 ps rd, tpd 4 rd inclpm, tpd 1 sm, tpd 3 rd, tpd 1 fr, tpd2j fr (10 ps).

Fila 17: pr2j fr, pr 3 rd, pr 1 sm, pr 2 rd, pr 2 rd, pr2j rd (8 ps).

Rematar 3 ps rd, 1 p sm, 3 ps rd, 1 p fr.

Cuello y cabeza

Fila 1: con fr y con los LD juntos, recoger y tpd 5 ps fr, 4 ps rd de los extremos de las filas del cuello a partir del marcador del lado derecho del cuerpo, recoger y tpd 4 rd, tpd 5 fr de los extremos de las filas del cuello hasta el marcador del lado izquierdo del cuerpo (18 ps).

Fila 2: pr 4 fr, pr 10 rd, pr 4 fr.

Añadir sm.

Fila 3: p bucle 4 fr, aum rd, tpd 3 sm, tpd 2 rd, tpd 3 sm, aum rd, p bucle 4 fr (20 ps).

Fila 4: pr 5 fr, pr2j rd, pr 2 sm, pr 4 rd, pr 5 fr.

Fila 5: tpd 4 fr, tpd 3 sm, tpd 6 rd, tpd 3 sm, tpd 1 fr, enrollar y girar (dejar 3 ps sin trabajar en la aguja izquierda).

Fila 6: en la parte superior del centro de la cabeza, 15 ps, pr 1 fr, pr 4 sm, pr 4 rd, pr 4 sm, pr 1 fr, eyg.

Fila 7: tpd 1 fr, tpd 5 sm, tpd 2 rd, tpd 5 sm, tpd 1 fr, eyg.

Fila 8: pr 1 fr, pr 4 sm, pr 4 rd, pr 4 sm, pr 1 fr, eyg.

Fila 9: tpd 3 fr, tpd 3 rd, tpd 2 sm, tpd 3 rd, tpd 6 fr (20 ps en total).

Fila 10: pr 2 fr, pr 5 sm, pr 6 rd, pr 5 sm, pr 2 fr.

Fila 11: tpd 5 fr, tpd 4 rd, tpd 2 sm, tpd 4 rd, tpd 2 fr, eyg (dejar 3 ps sin trabajar en la aguja izquierda).

Fila 12: en el centro, 14 ps solamente, pr 2 fr, pr 2 rd, pr 2 sm, pr 2 rd, pr 2 sm, pr 2 rd, pr 2 fr, eyg.

Fila 13: tpd 2 sm, tpd 3 fr, tpd 4 rd, tpd 3 fr, tpd 2 sm, eyg.

Fila 14: pr 2 sm, pr 3 fr, pr 4 rd, pr 3 fr, pr 2 sm, eyg.

Fila 15: tpd 3 rd, tpd 2 fr, tpd 4 rd, tpd 2 fr, tpd 3 rd, eyg.

Fila 16: pr 3 rd, pr 3 sm, pr 2 rd, pr 3 sm, pr 3 rd, eyg.

Fila 17: tpd 2 sm, tpd 10 rd, tpd 2 sm, tpd 3 fr (20 ps en total).

Fila 18: pr 3 sm, pr 1 fr, [tpd2j rd] 2 veces, pr 4 rd, [pr2j rd] 2 veces, pr 1 fr, pr 3 sm (16 ps).

Fila 19: tpd 4 fr, tpd2j sm, tpd 4 rd, tpd2j sm, tpd 4 fr (14 ps).

Fila 20: aum fr, pr 1 sm, pr 1 fr, aum sm, pr 6 rd, aum sm, pr 1 fr, pr 1 sm, aum fr (18 ps).

Fila 21: tpd 3 fr, tpd 1 sm, tpd 2 fr, tpd 6 rd, tpd 2 fr, tpd 1 sm, tpd 3 fr.

Fila 22: pr 1 fr, pr 1 sm, pr 3 fr, pr 1 sm, pr 6 rd, pr 1 sm, pr 3 fr, pr 1 sm, pr 1 fr.

Fila 23: tpd 3 fr, tpd 1 sm, tpd 3 fr, tpd 4 rd, tpd 3 fr, tpd 1 sm, tpd 3 fr.

Fila 24: pr2j fr, pr 2 fr, pr2j fr, pr 1 sm, pr 4 rd, pr 1 sm, pr2j fr, pr 2 fr, pr2j fr (14 ps).

Fila 25: tpd2j fr, tpd 3 fr, tpd 4 rd, tpd 3 fr, tpd2j (12 ps).

Fila 26: pr2j fr, pr 2 fr, pr 4 rd, pr 2 fr, pr2j fr (10 ps).

Rematar 3 ps fr, 4 ps rd, 3 ps fr.

Barriga

Con rd, montar 6 ps.

Emp con una fila en tpd, trabajar 2 filas en pj.

Cont con fr.

Fila 3: tpd2j, tpd 2, tpd2j (4 ps).

Trabajar 15 filas en pj.

Fila 19: aum, tpd 2, aum (6 ps).

Trabajar 8 filas en pj.

Añadir sm.

Fila 28: pr 2 sm, pr 2 fr, pr 2 sm.

Trabajar 4 filas en pj con fr.

Fila 33: tpd 2 sm, tpd 2 fr, tpd 2 sm.
Fila 34: pr 2 sm, pr 2 fr, pr 2 sm.
Cont con fr.
Trabajar 4 filas en pj.
Fila 39: aum, tpd 4, aum (8 ps).
Trabajar 2 filas en pj.
Añadir sm.
Fila 42: pr 3 sm, pr 2 fr, pr 3 sm.
Cont con fr.
Trabajar 4 filas en pj.
Fila 47: tpd2j, tpd 4, tpd2j (6 ps).
Trabajar 5 filas en pj.
Fila 53: aum, tpd 4, aum (8 ps).
Trabajar 6 filas en pj.
Añadir sm.
Fila 60: pr 2 fr, pr 1 sm, pr 2 fr, pr 1 sm, pr 2 fr.
Fila 61: tpd 2 sm, tpd 4 fr, tpd 2 sm.
Trabajar 2 filas en pj con fr.
Fila 64: pr 2 sm, pr 4 fr, pr 2 sm.
Cont con fr.
Trabajar 10 filas en pj.

Fila 75: tpd2j, tpd 4, tpd2j (6 ps).
Trabajar 3 filas en pj.
Añadir sm.
Fila 79: tpd 2 sm, tpd 2 fr, tpd 2 sm.
Cont con fr.
Trabajar 7 filas en pj.
Fila 87: tpd2j, tpd 2, tpd2j (4 ps).
Fila 88: punto revés.
Rematar.

Oreja

(Tejer 2 iguales)
Con rd, montar 5 ps.
Tejer 6 filas en punto derecho.
Fila 7: tpd2j, tpd 1, tpd2j (3 ps).
Fila 8: tpd3j y atar.

Cola

Con rd, montar 8 ps.
Fila 1: punto derecho.
*****Fila 2:** punto revés.
Añadir sm.

Fila 3: tpd 2 sm, tpd 4 rd, tpd 2 sm.
Fila 4: pr 3 sm, pr 2 rd, pr 3 sm.
Fila 5: tpd 1 rd, tpd 6 sm, tpd 1 rd.
Fila 6: pr 3 sm, pr 2 rd, pr 3 sm.
Fila 7: tpd 2 sm, tpd 4 rd, tpd 2 sm.**
Rp desde * hasta ** 2 veces.
Fila 22: punto revés con rd.
Fila 23: tpd2j rd, tpd 4 rd, tpd2j rd (6 ps).
Fila 24: pr 1 sm, pr 4 rd, pr 1 sm.
Fila 25: tpd 2 sm, tpd 2 rd, tpd 2 sm.
Fila 26: pr 6 sm.
Fila 27: tpd 2 sm, tpd 2 rd, tpd 2 sm.
Fila 28: pr 1 sm, pr 4 rd, pr 1 sm.
Fila 29: tpd 6 rd.
Fila 30: pr2j rd, pr 2 sm, pr2j rd (4 ps).
Cont con sm.
Fila 31: punto derecho.
Fila 32: [pr2j] 2 veces.
Fila 33: tpd2j y atar.

Cola

Doble la cola formando una ligera curva.

Acabados

COSER LOS EXTREMOS Deje los extremos de la fila montada y las filas rematadas para coserlos.

PATAS Con los LR juntos, doble las patas por la mitad y cósalas por los LD empezando por las pezuñas.

CABEZA Doble por la mitad la fila rematada de la cabeza y cosa desde el hocico hasta la barbilla.

CUERPO Cosa siguiendo el lomo del tigre hasta llegar a los cuartos traseros, que se cosen alrededor.

BARRIGA Cosa la fila montada de la barriga a la base de los cuartos traseros (donde empiezan las patas), y la fila rematada al hocico. Afloje y cosa la barriga de manera que se ajuste al cuerpo. Deje un hueco de 2,5 cm entre las patas delanteras y traseras, a un lado.

RELLENO Los limpiapipas sirven para dar rigidez a las patas y doblarlas según la forma deseada. Doble un limpiapipas en forma de U y compare la medida con las patas delanteras. Corte de manera que coincidan, pero dejando 2,5 cm de más en ambos extremos. Doble esos extremos para impedir que el limpiapipas se salga por las pezuñas. Enrolle un poco de relleno alrededor del limpiapias e introdúzcalo en el cuerpo de manera que cada extremo baje hasta cada una de las patas delanteras. Repita con el segundo limpiapipas y las patas traseras. Empiece a rellenar el tigre por la cabeza de manera que quede firme. Cosa el hueco y dé forma al animal.

COLA Corte un limpiapipas 2,5 cm más largo que la cola. Doble un extremo, colóquelo en la punta de la cola, enrolle esta alrededor del limpiapipas y cósala. Introduzca el extremo que sobresale en los cuartos traseros del tigre.

OREJAS Cosa la fila montada de cada oreja a la cabeza; deje 5 ps entre las orejas.

OJOS Con sm, cosa nudos franceses de 3 bucles; sitúelos como se observa en la fotografía.

HOCICO Con sm, borde el hocico con puntada satinada.

Cebra

Una auténtica obra de *op art* andante, la cebra es
un animal muy apreciado que se identifica al instante.
Forma parte de la familia de los équidos, aunque
nunca han sido animales domésticos. Hay quien piensa
que las rayas se desarrollaron para confundir a los
depredadores; una manada de cebras en movimiento
podría parecer un animal enorme, lo que haría que el
león tuviese problemas para identificar a una sola cebra.
Se han realizado intentos de montarlas, pero el único
que lo consiguió fue el primer médico de Kenia, Rosendo
Riberio, que acudía a sus visitas domiciliarias a lomos
de una. Las características rayas de la cebra dieron
lugar a la expresión «paso de cebra».

Cebra

Técnica de la isla de Fair en su máxima expresión en una pieza muy gratificante una vez tejida

Medidas
Longitud: 25 cm.
Altura hasta la parte superior de la cabeza: 18 cm.

Materiales
- Un par de agujas de tejer de 2 ¾ mm
- Agujas de tejer de doble punta (para sujetar los puntos y la cola) de 2 ¾ mm
- 15 g de Rowan Pure Wool de 4 dobleces en Black 404 (bl)
- 20 g de Rowan Pure Wool de 4 dobleces en Snow 412 (sn)
- 2 limpiapipas para las patas
- Aguja de ganchillo para la borla de la cola

Abreviaturas
Véase pág. 172.
Véase pág. 172, Enrollar y girar.
Véase pág. 172, Tejer con diferentes colores.
Véase pág. 172, Técnica de cordón tejido.

Pata trasera derecha
Con bl, montar 11 ps.
Emp con una fila tpd, trabajar 2 filas en pj.
Fila 3: aum, tpd 2, tpd2j, tpd 1, tpd2j, tpd 2, aum (11 ps).
Fila 4: punto revés.
Añadir y cont con sn.
Fila 5: tpd 3, tpd2j, tpd 1, tpd2j, tpd 3 (9 ps).
Fila 6: punto revés.*
Fila 7: tpd 2 sn, tpd 7 bl.

Fila 8: punto revés con sn.
Fila 9: aum sn, tpd 1 sn, tpd2j sn, tpd 1 sn, tpd2j sn, tpd 1 sn, aum sn (9 ps).
Fila 10: pr 5 bl, pr 4 sn.
Fila 11: punto derecho con sn.
Fila 12: pr 2 bl, pr 7 sn.
Fila 13: tpd 2 sn, tpd 5 bl, tpd 2 sn.
Fila 14: punto revés con sn.
Fila 15: punto derecho con sn.
Fila 16: pr 6 bl, pr 3 sn.
Fila 17: aum sn, tpd 7 sn, aum sn ** (11 ps).
Fila 18: aum sn, pr 9 sn, aum sn (13 ps).
Fila 19: tpd 4 sn, tpd2j sn, tpd 1 sn, tpd2j bl, tpd 4 bl (11 ps).
Fila 20: pr 5 sn, pr 3 bl, pr 3 sn.
Fila 21: tpd2j sn, tpd 2 sn, aum sn, tpd 1 sn, aum sn, tpd 2 sn, tpd2j sn (11 ps).
Fila 22: punto revés con sn.
Fila 23: tpd 4 sn, aum sn, tpd 1 sn, aum sn, tpd 4 bl (13 ps).
Fila 24: pr 4 sn, tpd 4 bl, pr 5 sn.
Fila 25: tpd 5 sn, aum sn, tpd 1 sn, aum sn, tpd 5 sn (15 ps).
Fila 26: punto revés con sn.
Fila 27: aum sn, tpd 5 sn, aum sn, tpd 1 sn, aum sn, tpd 5 bl, aum bl (19 ps).
Fila 28: pr 3 sn, pr 9 bl, pr 7 sn.
Fila 29: tpd 8 sn, aum sn, tpd 1 sn, aum sn, tpd 8 sn (21 ps).
Fila 30: pr 8 sn, pr 3 bl, pr 10 sn.
Fila 31: rematar 10 ps sn, tpd 1 sn inclpm, tpd 3 bl, tpd 7 sn (sujetar 11 ps en la aguja suelta para el lado derecho del cuerpo).

Pata trasera izquierda
Trabajar como la pata trasera derecha hasta *.
Fila 7: tpd 7 bl, tpd 2 sn.
Fila 8: punto revés con sn.
Fila 9: aum sn, tpd 1 sn, tpd2j sn, tpd 1 sn, tpd2j sn, tpd 1 sn, aum sn (9 ps).
Fila 10: pr 4 sn, pr 5 bl.
Fila 11: punto derecho con sn.
Fila 12: pur 7 sn, pr 2 bl.
Fila 13: tpd 2 sn, tpd 5 bl, tpd 2 sn.

Pata delantera
Las patas son bastante finas, por lo que conviene enrollar el limpiapipas con un poco de relleno, enrollar la pata en torno al limpiapipas y coserla.

Fila 14: punto revés con sn.

Fila 15: punto derecho con sn.

Fila 16: pr 3 sn, pr 6 bl.

Fila 17: aum sn, tpd 7 sn, aum sn** (11 ps).

Fila 18: aum sn, pr 9 sn, aum sn (13 ps).

Fila 19: tpd 4 bl, tpd2j bl, tpd 1 sn, tpd2j sn, tpd 4 sn (11 ps).

Fila 20: pr 3 sn, pr 3 bl, pr 5 sn.

Fila 21: tpd2j sn, tpd 2 sn, aum sn, tpd 1 sn, aum sn, tpd 2 sn, tpd2j sn (11 ps).

Fila 22: punto revés con sn.

Fila 23: tpd 4 bl, aum sn, tpd 1 sn, aum sn, tpd 4 sn (13 ps).

Fila 24: pr 5 sn, tpd 4 bl, pr 4 sn.

Fila 25: tpd 5 sn, aum sn, tpd 1 sn, aum sn, tpd 5 sn (15 ps).

Fila 26: punto revés con sn.

Fila 27: aum bl, tpd 5 bl, aum sn, tpd 1 sn, aum sn, tpd 5 sn, aum bl (19 ps).

Fila 28: pr 7 sn, pr 9 bl, pr 3 sn.

Fila 29: tpd 8 sn, aum sn, tpd 1 sn, aum sn, tpd 8 sn (21 ps).

Fila 30: pr 10 sn, pr 3 bl, pr 8 sn.

Fila 31: tpd 7 sn, tpd 3 bl, tpd 1 sn, rematar 10 ps sn (sujetar 11 ps en la aguja suelta para el lado izquierdo del cuerpo).

Pata delantera derecha

Tejer como la pata trasera derecha hasta **.

Fila 18: punto revés con sn.

Fila 19: tpd 7 sn, tpd 4 bl.

Fila 20: punto revés con sn.

Fila 21: aum sn, tpd 4 sn, tpd 3 bl, tpd 2 sn, aum sn (13 ps).

Fila 22: pr 5 bl, pr 8 sn.

Fila 23: aum sn, tpd 11 sn, aum sn (15 ps).

Fila 24: pr 1 bl, pr 14 sn.

Fila 25: rematar 7 ps sn, tpd 5 sn inclpm, tpd 2 bl, tpd 1 sn (sujetar 8 ps en la aguja suelta para el lado derecho del cuerpo).

Pata delantera izquierda

Tejer como la pata trasera izquierda hasta **.

Fila 18: punto revés con sn.

Fila 19: tpd 4 bl, tpd 7 sn.

Fila 20: punto revés con sn.

Fila 21: aum sn, tpd 2 sn, tpd 3 bl, tpd 4 sn, aum sn (13 ps).

Fila 22: pr 8 sn, pr 5 bl.

Fila 23: aum sn, tpd 11 sn, aum sn (15 ps).

Fila 24: pr 14 sn, pr 1 bl.

Fila 25: tpd 1 sn, tpd 2 bl, tpd 5 sn, rematar 7 ps sn (sujetar 8 ps en la aguja suelta para el lado izquierdo del cuerpo).

Lado derecho del cuerpo

Fila 1: con sn montar 1 p, con los LD juntos tpd 4 sn, tpd 2 bl, tpd 1 sn, tpd 1 bl con la aguja suelta para la pata delantera derecha, montar 1 p sn, 2 ps bl, 2 ps sn, 1 p bl, 2 ps sn (17 ps).

Fila 2: pr sn, pr 1 bl, pr 2 sn, pr 2 bl, pr 1 sn, pr 1 bl, pr 2 sn, pr 2 bl, pr 3 sn, aum bl (18 ps).

Fila 3: aum sn, tpd 2 bl, tpd 1 sn, tpd 3 bl, tpd 1 sn, tpd 2 bl, tpd 1 sn, tpd 2 bl, tpd 2 sn, tpd 1 bl, tpd 2 sn, montar 1 p bl, 1 p sn, 1 p bl, 1 p sn, 1 p bl, 2 ps sn (26 ps).

Fila 4: pr 2 sn, pr 1 bl, pr 1 sn, pr 1 bl, pr 1 sn, pr 1 bl, pr 2 sn, pr 1 bl, pr 2 sn, pr 2 bl, pr 2 sn, pr 1 bl, pr 2 sn, pr 4 bl, pr 2 sn, aum sn (27 ps).

Fila 5: tpd 5 sn, tpd 3 bl, tpd 2 sn, tpd 1 bl, tpd 2 sn, tpd 2 bl, tpd 2 sn, tpd 1 bl, tpd 2 sn, tpd 1 bl, tpd 2 sn, tpd 1 bl, tpd 1 sn, tpd 1 bl, tpd 1 sn, tpd 1 bl, tpd 1 sn, montar 2 ps sn, 1 p bl (30 ps).

Fila 6: pr 1 bl, pr 3 sn, pr 1 bl, pr 2 sn, pr 1 bl, pr 1 sn, pr 1 bl, pr 2 sn, pr 2 bl, pr 1 sn, pr 3 bl, pr 1 sn, pr 2 bl, pr 2 sn, pr 1 bl, pr 4 sn, pr 1 bl, aum sn (31 ps).

Fila 7: tpd 2 sn, tpd 1 bl, tpd 7 sn, tpd 1 bl, tpd 2 sn, tpd 2 bl, tpd 2 sn, tpd 2 bl, tpd 1 bl, tpd 1 sn, tpd 1 bl, tpd 2 sn, tpd 2 bl, tpd 2 sn, tpd 1 bl, montar 1 p bl, 2 ps sn, 1 p bl, con los LD juntos tpd 1 bl, tpd 3 sn, tpd 1 bl, tpd 2 sn, tpd 2 bl, tpd 2 sn con la aguja suelta para la pata trasera derecha, montar 2 ps sn (48 ps).

Fila 8: pr 2 sn, pr 3 bl, pr 2 sn, pr 2 bl, pr 3 sn, pr 2 bl, pr 2 sn, pr 1 bl, pr 2 sn, pr 2 bl, pr 3 sn, pr 1 bl, pr 1 sn, pr 2 bl, pr 2 sn, pr 2 bl, pr 1 sn, pr 2 bl, pr 2 sn, pr 1 bl, pr 1 sn, pr 1 bl, pr 3 sn, pr 2 bl, pr 1 sn, pr 1 bl (48 ps).

Fila 9: tpd 1 bl, tpd 1 sn, tpd 2 bl, tpd 2 sn, tpd 2 bl, tpd 1 sn, tpd 1 bl, tpd 2 sn, tpd 2 bl, tpd 2 sn, tpd 2 bl, tpd 2 sn, tpd 2 bl, tpd 1 sn, tpd 1 bl, tpd 4 sn, tpd 1 bl, tpd 2 sn, tpd 2 bl, tpd 2 sn, tpd 2 bl, tpd 3 sn, tpd 1 bl, tpd 3 sn, aum bl (49 ps).

Fila 10: pr 3 bl, pr 5 sn, pr 1 bl, pr 2 sn, pr 2 bl, pr 3 sn, pr 1 bl, pr 2 sn, pr 2 bl, pr 4 sn, pr 1 bl, pr 1 sn, pr 2 bl, pr 2 sn, pr 2 bl, pr 2 sn, pr 2 bl, pr 2 sn, pr 1 bl, pr 2 sn, pr 1 bl, pr 2 sn, pr 1 bl, pr 2 sn, aum bl (50 ps).

Fila 11: tpd 1 sn, tpd 1 bl, tpd 2 sn, tpd 1 bl, tpd 1 sn, tpd 2 bl, tpd 1 sn, tpd 2 bl, tdp 2 sn, tpd 2 bl, tpd 2 sn, tpd 3 bl, tpd 2 sn, tpd 1 bl, tpd 4 sn, tpd 1 bl, tpd 2 sn, tpd 2 bl, tpd 3 sn, tpd 5 bl, tpd 6 sn, aum bl (51 ps).

Fila 12: pr 1 bl, pr 6 sn, pr 4 bl, pr 4 sn, pr 2 bl, pr 2 sn, pr 2 bl, pr 3 sn, pr 2 bl, pr 1 sn, pr 2 bl, pr 1 sn, pr 1 bl, pr 2 sn, pr 2 bl, pr 2 sn, pr 2 bl, pr 2 sn, pr 2 bl, pr 3 sn, pr 1 bl, pr 2 sn, pr 1 bl, aum sn (52 ps).

Fila 13: tpd 2 sn, tpd 1 bl, tpd 2 sn, tpd 1 bl, tpd 3 sn, tpd 2 bl, tpd 2 sn, tpd 2 bl, tpd 2 bl, tpd 1 sn, tpd 2 bl, tpd 2 sn, tpd 1 bl, tpd 2 sn, tpd 1 bl, tpd 4 sn, tpd 1 bl, tpd 2 sn, tpd 2 bl, tpd 7 sn, tpd 3 bl, tpd 4 sn, aum bl (53 ps).

Fila 14: pr 4 sn, pr 3 bl, pr 8 sn, pr 2 bl, pr 3 sn, pr 1 bl, pr 3 sn, pr 2 bl, pr 2 sn, pr 1 bl, pr 2 sn, pr 2 bl, pr 2 sn, pr 1 bl, pr 3 sn, pr 1 bl, pr 2 sn, pr 2 bl, pr 2 sn, pr 1 bl, pr 2 sn, pr 1 bl, pr 1 sn, aum sn (54 ps).

Fila 15: tpd 3 sn, tpd 1 bl, tpd 2 sn, tpd 2 bl, tpd 2 sn, tpd 2 bl, tpd 1 sn, tpd 2 bl, tpd 3 sn, tpd 1 bl, tpd 2 sn, tpd 1 bl, tpd 3 sn, tpd 2 bl, tpd 2 sn, tpd 1 bl, tpd 3 sn, tpd 2 bl, tpd 2 sn, tpd 3 bl, tpd 9 sn, tpd 2 bl, tpd 3 sn.

Fila 16: pr 2 sn, pr 2 bl, pr 9 sn, pr 3 bl, pr 3 sn, pr 1 bl, pr 3 sn, pr 2 bl, pr 2 sn, pr 2 bl, pr 1 sn, pr 1 bl, pr 1 sn, pr 2 bl, pt 1 sn, pr 1 bl, pr 3 sn, pr 2 bl, pr 2 sn, pr 2 bl, pr 1 sn, pr 1 bl, pr 3 sn, pr 1 bl, pr 2 sn, aum bl (55 ps).

Fila 17: tpd 2 bl, tpd 2 sn, tpd 1 bl, tpd 3 sn, tpd 1 bl, tpd 1 sn, tpd 2 bl, tpd 2 sn, tpd 1 bl, tpd 4 sn, tpd 1 bl, tpd 1 sn, tpd 2 bl, tpd 1 sn, tpd 1 bl, tpd 1 sn, tpd 2 bl, tpd 2 sn, tpd 2 bl, tpd 3 sn, tpd 1 bl, tpd 4 sn, tpd 2 bl, tpd 9 sn, tpd 3 bl, tpd 1 sn.

Cuerpo

No tire demasiado de las hebras del lomo ni apriete mucho los puntos para evitar que el cuerpo se arrugue; puede planchar la superficie para alisarla.

Fila 18: pr 1 sn, pr 2 bl, pr 9 sn, pr 2 bl, pr 4 sn, pr 2 bl, pr 3 sn, pr 1 bl, pr 3 sn, pr 1 bl, pr 2 sn, pr 1 bl, pr 1 sn, pr 2 bl, pr 1 sn, pr 2 bl, pr 3 sn, pr 1 bl, pr 2 sn, pr 2 bl, pr 1 sn, pr 1 bl, pr 3 sn, pr 1 bl, pr 2 sn, pr 1 bl, aum sn (56 ps).

Fila 19: tpd 2 sn, tpd 1 bl, tpd 2 sn, tpd 1 bl, tpd 3 sn, tpd 1 bl, tpd 1 sn, tpd 2 bl, tpd 2 sn, tpd 1 bl, tpd 3 sn, tpd 2 bl, tpd 1 sn, tpd 2 bl, tpd 1 sn, tpd 1 bl, tpd 2 sn, tpd 2 bl, tpd 2 sn, tpd 2 bl, tpd 3 sn, tpd 1 bl, tpd 5 sn, tpd 3 bl, tpd 8 sn, tpd 2 bl.

Fila 20: pr 2 bl, pr 5 sn, pr 5 bl, pr 5 sn, pr 2 bl, pr 3 sn, pr 2 sn, pr 2 bl, pr 1 sn, pr 2 bl, pr 1 bl, pr 2 bl, pr 1 sn, pr 1 bl, pr 3 sn, pr 2 bl, pr 2 sn, pr 1 bl, pr 1 sn, pr 1 bl, pr 3 sn, pr 1 bl, pr 1 sn, pr 2 bl, pr 1 sn, aum sn (57 ps).

Fila 21: tpd 3 sn, tpd 2 bl, tpd 1 sn, tpd 1 bl, tpd 3 sn, tpd 3 bl, tpd 2 sn, tpd 2 bl, tpd 2 sn, tpd 3 bl, tpd 2 sn, tpd 1 bl, tpd 1 sn, tpd 2 bl, tpd 2 sn, tpd 2 bl, tpd 2 sn, tpd 1 bl, tpd 1 sn, tpd 3 sn, tpd 2 bl, tpd 6 sn, tpd 6 bl, tpd 3 sn, tpd2j sn (56 ps).

Fila 22: pr 3 sn, pr 5 bl, pr 6 sn, pr 3 bl, pr 4 sn, pr 1 bl, pr 2 sn, pr 2 bl, pr 1 sn, pr 2 bl, pr 2 sn, pr 2 bl, pr 1 sn, pr 2 bl, pr 1 sn, pr 1 bl, pr 2 sn, pr 2 bl, pr 2 sn, pr 3 bl, pr 2 sn, pr 2 bl, pr 1 sn, pr 2 bl, pr 2 sn, aum bl (57 ps).

Fila 23: tpd 1 sn, tpd 1 bl, tpd 2 sn, pr 2 bl, tpd 2 sn, tpd 1 bl, tpd 3 sn, tpd 2 bl (sujetar 14 ps en la aguja suelta para el cuello), rematar 2 ps sn, 2 ps bl, 2 ps sn, 1 p bl, 1 p sn, 2 ps bl, 1 p sn, 3 ps bl, tpd 2 bl inclpm, tpd 2 sn, tpd 2 bl, tpd 1 sn, tpd 2 bl, tpd 4 sn, tpd 4 bl, tpd 7 sn, tpd 2 bl, tpd sn, tpd2j sn. Trabajar en los 28 ps restantes.

Fila 24: pr2j bl, pr 1 bl, pr 7 sn, pr 4 bl, pr 4 sn, pr 2 bl, pr 2 sn, pr 2 bl, pr 2 sn, pr 2 bl (27 ps).

Fila 25: rematar 2 ps bl, 2 ps sn, 1 p bl, 1 p sn, tpd 3 sn inclpm, tpd 2 bl, tpd 4 sn, tpd 5 bl, tpd 5 sn, tpd2j bl (20 ps).

Fila 26: rematar 20 ps bl.

Lado izquierdo del cuerpo

Fila 1: con sn, montar 1 p, con los LR juntos pr 4 sn, pr 2 bl, pr 1 sn, pr 1 bl con la aguja suelta para la parte delantera izquierda, montar 1 p sn, 2 ps bl, 2 ps sn, 1 p bl, 2 ps sn (17 ps).

Fila 2: tpd 2 sn, tpd 1 bl, tpd 2 sn, tpd 2 bl, tpd 1 sn, tpd 1 bl, tpd 2 sn, tpd 2 bl, tpd 3 sn, aum bl (18 ps).

Fila 3: aum sn, pr 2 bl, pr 1 sn, pr 3 bl, pr 1 sn, pr 2 bl, pr 1 sn, pr 2 bl, pr 2 sn, pr 1 bl, pr 2 sn, montar 1 p bl, 1 ps sn, 1 p bl, 1 p sn, 1 p bl, 2 ps sn (26 ps).

Fila 4: tpd 2 sn, tpd 1 bl, tpd 1 sn, tpd 1 bl, tpd 1 sn, tpd 1 bl, tpd 2 sn, tpd 1 bl, tpd 2 sn, tpd 2 bl, tpd 2 sn, tpd 1 bl, tpd 2 sn, tpd 4 bl, tpd 2 sn, aum sn (27 ps).

Fila 5: pr 5 sn, pr 3 bl, pr 2 sn, pr 1 bl, pr 2 sn, pr 2 bl, pr 2 sn, pr 1 bl, pr 2 sn, pr 1 bl, pr 1 sn, pr 1 bl, pr 1 sn, pr 2 bl, pr 1 sn, montar 2 ps sn, 1 p bl (30 ps).

Fila 6: tpd 1 bl, tpd 3 sn, tpd 1 bl, tpd 2 sn, tpd 1 bl, tpd 1 sn, tpd 1 bl, tpd 2 sn, tpd 2 bl, tpd 1 sn, tpd 3 bl, tpd 1 sn, tpd 2 bl, tpd 2 sn, tpd 1 bl, tpd 4 sn, tpd 1 bl, aum sn (31 ps).

Fila 7: pr 2 sn, pr 1 bl, pr 7 sn, pr 1 bl, pr 2 sn, pr 2 bl, pr 2 sn, pr 2 bl, pr 2 sn, pr 1 bl, pr 1 sn, pr 1 bl, pr 2 sn, pr 2 bl, pr 2 sn, pr 1 bl, montar 1 p bl, 2 ps sn, 1 p bl, con los LR juntos pr 1 bl, pr 3 sn, pr 1 bl, pr 2 sn, pr 2 bl, pr 2 sn con la aguja suelta para la pata trasera izquierda, montar 2 ps sn (48 ps).

Fila 8: tpd 2 sn, tpd 3 bl, tpd 2 sn, tpd 2 bl, tpd 3 sn, tpd 2 bl, tpd 2 sn, tpd 1 bl, tpd 2 sn, tpd 2 bl, tpd 3 sn, tpd 1 bl, tpd 1 sn, tpd 2 bl, tpd 2 sn, tpd 2 bl, tpd 1 sn, tpd 2 bl, tpd 2 sn, tpd 2 bl, tpd 1 sn, tpd 1 bl, tpd 3 sn, tpd 2 bl, tpd 1 sn, tpd 1 bl (48 ps).

Fila 9: pr 1 bl, pr 1 sn, pr 2 bl, pr 2 sn, pr 2 bl, pr 1 sn, pr 1 bl, pr 2 sn, pr 2 bl, pr 2 sn, pr 2 bl, pr 2 sn, pr 2 bl, pr 1 sn, pr 1 bl, pr 4 sn, pr 1 bl, pr 2 sn, pr 2 bl, pr 2 sn, pr 2 bl, pr 3 sn, pr 1 bl, pr 3 sn, pr 3 bl, aum bl (49 ps).

Fila 10: tpd 3 bl, tpd 5 sn, tpd 1 bl, tpd 2 sn, tpd 2 bl, tpd 3 sn, tpd 1 bl, tpd 2 sn, tpd 2 bl, tpd 4 sn, tpd 1 bl, tpd 1 sn, tpd 2 bl, tpd 2 sn, tpd 2 bl, tpd 2 sn, tpd 2 bl, tpd 2 sn, tpd 1 bl, tpd 2 sn, tpd 1 bl, tpd 2 sn, tpd 1 bl, tpd 2 sn, aum bl (50 ps).

Fila 11: pr 1 sn, pr 1 bl, pr 2 sn, pr 1 bl, pr 2 sn, pr 1 bl, pr 1 sn, pr 2 bl, pr 1 sn, pr 2 bl, pr 2 sn, pr 2 bl, pr 2 sn, pr 3 bl, pr 2 sn, pr 1 bl, pr 4 sn, pr 1 bl, pr 2 sn, pr 2 bl, pr 2 sn, pr 5 bl, pr 6 sn, aum bl (51 ps).

Fila 12: tpd 1 bl, tpd 6 sn, tpd 4 bl, tpd 4 sn, pr 2 bl, tpd 2 sn, tpd 2 bl, tpd 3 sn, tpd 2 bl, tpd 1 sn, tpd 2 bl, tpd 1 sn, tpd 1 bl, tpd 2 sn, tpd 2 bl, tpd 2 sn, tpd 2 bl, tpd 2 sn, tpd 2 bl, tpd 3 sn, tpd 1 bl, tpd 2 sn, tpd 1 bl, aum sn (52 ps).

Fila 13: pr 2 sn, pr 1 bl, pr 2 sn, pr 1 bl, pr 3 sn, pr 2 bl, pr 2 sn, pr 2 bl, pr 2 sn, pr 2 bl, pr 1 sn,

pr 2 bl, pr 2 sn, pr 1 bl, pr 2 sn, pr 1 bl, pr 4 sn, pr 1 bl, pr 2 sn, pr 2 bl, pr 7 sn, pr 3 bl, pr 4 sn, aum bl (53 ps).

Fila 14: tpd 4 sn, tpd 3 bl, tpd 8 sn, tpd 2 bl, tpd 3 sn, tpd 1 bl, tpd 3 sn, tpd 2 bl, tpd 2 sn, tpd 1 bl, tpd 2 sn, tpd 2 bl, tpd 2 sn, tpd 1 bl, tpd 3 sn, tpd 1 bl, tpd 2 sn, tpd 2 bl, tpd 2 sn, tpd 2 bl, tpd 2 sn, tpd 1 bl, tpd 1 sn, aum sn (54 ps).

Fila 15: pr 3 sn, pr 1 bl, pr 2 sn, pr 2 bl, pr 2 sn, pr 2 bl, pr 1 sn, pr 2 bl, pr 3 sn, pr 1 bl, pr 2 sn, pr 1 bl, pr 3 sn, pr 2 bl, pr 2 sn, pr 1 bl, pr 3 sn, pr 2 bl, pr 2 sn, pr 3 bl, pr 9 sn, pr 2 bl, pr 3 sn.

Fila 16: tpd 2 sn, tpd 2 bl, tpd 9 sn, tpd 3 bl, tpd 3 sn, tpd 1 bl, tpd 3 sn, tpd 2 bl, tpd 2 sn, tpd 2 bl, tpd 1 sn, tpd 1 bl, tpd 1 sn, tpd 2 bl, tpd 1 sn, tpd 1 bl, tpd 3 sn, tpd 2 bl, tpd 2 bl, tpd 2 sn, tpd 2 bl, tpd 1 sn, tpd 1 bl, tpd 3 sn, tpd 1 bl, tpd 2 sn, aum bl (55 ps).

Fila 17: pr 2 bl, pr 2 sn, pr 1 bl, pr 3 sn, pr 1 bl, pr 1 sn, pr 2 bl, pr 2 sn, pr 1 bl, pr 4 sn, pr 1 bl, pr 1 sn, pr 2 bl, pr 1 sn, pr 1 bl, pr 1 sn, pr 2 bl, pr 2 sn, pr 2 bl, pr 3 sn, pr 1 bl, pr 4 sn, pr 2 bl, pr 9 sn, pr 3 bl, pr 1 sn.

Fila 18: tpd 1 sn, tpd 2 bl, tpd 9 sn, tpd 2 bl, tpd 4 sn, tpd 2 bl, tpd 3 sn, tpd 1 bl, tpd 3 sn, tpd 1 bl, tpd 2 sn, tpd 1 bl, tpd 1 sn, tpd 2 bl, tpd 1 sn, tpd 2 bl, tpd 3 sn, tpd 1 bl, tpd 2 sn, tpd 2 bl, tpd 1 sn, tpd 1 bl, tpd 2 sn, tpd 1 bl, tpd 2 sn, tpd 1 bl, aum sn (56 ps).

Fila 19: pr 2 sn, pr 1 bl, pr 2 sn, pr 1 bl, pr 3 sn, pr 1 bl, pr 1 sn, pr 2 bl, pr 2 sn, pr 1 bl, pr 3 sn, pr 2 bl, pr 1 sn, pr 2 bl, pr 1 sn, pr 1 bl, pr 2 sn, pr 2 bl, pr 2 sn, pr 2 bl, pr 2 sn, pr 1 bl, pr 5 sn, pr 3 bl, pr 8 sn, pr 8 sn, pr 2 bl.

Fila 20: tpd 2 bl, tpd 5 sn, tpd 5 bl, tpd 5 sn, tpd 2 bl, tpd 3 sn, tpd 2 bl, tpd 2 sn, tpd 2 bl, tpd 1 sn, tpd 2 bl, tpd 1 sn, tpd 2 bl, tpd 1 sn, tpd 2 bl, tpd 3 sn, tpd 2 bl, tpd 2 sn, tpd 1 bl, tpd 1 sn, tpd 1 bl, tpd 3 sn, tpd 1 bl, tpd 1 sn, tpd 2 bl, tpd 1 sn, aum sn (57 ps).

Fila 21: pr 3 sn, pr 2 bl, pr 1 sn, pr 1 bl, pr 3 sn, pr 3 bl, pr 2 sn, pr 2 bl, pr 2 sn, pr 3 bl, pr 2 sn, pr 1 bl, pr 2 sn, pr 2 bl, pr 2 sn, pr 1

bl, pr 3 sn, pr 2 bl, pr 6 sn, pr 6 bl, pr 3 sn, pr2j sn (56 ps).

Fila 22: tpd 3 sn, tpd 5 bl, tpd 6 sn, tpd 3 bl, tpd 4 sn, tpd 1 bl, tpd 2 sn, tpd 2 bl, tpd 1 sn, tpd 2 bl, tpd 2 sn, tpd 1 bl, tpd 1 sn, tpd 2 bl, tpd 1 sn, tpd 1 bl, tpd 2 sn, tpd 2 bl, tpd 2 sn, tpd 3 bl, tpd 2 sn, tpd 2 bl, tpd 1 sn, tpd 2 bl, tpd 2 sn, aum bl (57 ps).

Fila 23: pr 1 sn, pr 1 bl, pr 2 sn, pr 2 bl, pr 2 sn, pr 1 bl, pr 3 sn, pr 2 bl (sujetar 14 ps en la aguja suelta para el cuello), rematar 2 ps sn, 2 ps bl, 2 ps sn, 1 p bl, 1 p sn, 2 ps bl, 1 p sn, 3 ps bl, pr 2 bl inclpm, pr 2 sn, pr 2 bl, pr 1 sn, pr 2 bl, pr 4 sn, pr 4 bl, pr 7 sn, pr 2 bl, pr 1 sn, pr2j sn.

Trabajar en los 28 ps restantes.

Fila 24: tpd2j bl, tpd 1 bl, tpd 7 sn, tpd 4 bl, tpd 4 sn, tpd 2 bl, tpd 2 sn, tpd 2 bl, tpd 2 sn, tpd 2 bl (27 ps).

Fila 25: rematar 2 ps bl, 2 ps sn, 1 p bl, 1 p sn, pr 3 sn inclpm, pr 2 bl, pr 4 sn, pr 5 bl, pr 5 sn, pr2j bl (20 ps).

Fila 26: rematar 20 ps bl.

Cuello y cabeza

Fila 1: con sn, montar 1 p, tpd 1 sn, tpd 2 bl, tpd 1 sn, tpd 2 bl, tpd 3 sn, tpd 1 bl, tpd 2 sn, tpd2j sn con la aguja suelta para el lado derecho del cuerpo, tpd2j sn, tpd 2 sn, tpd 1 bl, tpd 3 sn, tpd 2 bl, tpd 1 sn, tpd 2 bl, aum sn con la aguja suelta para el lado izquierdo del cuerpo (28 ps).

Fila 2: pr 3 sn, pr 1 bl, pr 1 sn, pr 2 bl, pr 3 sn, pr 2 bl, [pr2jbl] 2 veces, pr 2 bl, pr 3 sn, pr 2 bl, pr 1 sn, pr 1 bl, pr 3 sn (26 ps).

Fila 3: tpd 2 bl, tpd 2 sn, tpd 1 bl, tpd 3 sn, tpd 3 bl, tpd 4 sn, tpd 3 bl, tpd 3 sn, tpd 1 bl, tpd 2 sn, tpd 2 bl.

Fila 4: pr 1 sn, pr 1 bl, pr 2 sn, pr 2 bl, pr 4 sn, pr 1 bl, [pr2jbl] 2 veces, pr 1 bl, pr 4 sn, pr 2 bl, pr 2 sn, pr 1 bl, pr 1 sn (24 ps).

Fila 5: aum sn, tpd 1 bl, tpd 3 sn, tpd 1 bl, tpd 12 sn, tpd 1 bl, tpd 3 sn, tpd 1 bl, aum sn (26 ps).

Fila 6: pr 2 sn, pr 2 bl, pr 2 sn, pr 2 bl, pr 3 sn, [pr2j sn] 2 veces, pr 3 sn, pr 2 bl, pr 2 sn, pr 2 bl, pr 2 sn (24 ps):

Fila 7: tpd 3 sn, tpd 1 bl, tpd 3 sn, tpd 2 bl, tpd 6 sn, tpd 2 bl, tpd 3 sn, tpd 1 bl, tpd 2 sn, enrollar y girar (dejar 1 p sin tejer en la aguja izquierda).
Fila 8: pr 2 sn, pr 2 bl, pr 3 sn, pr 2 bl, pr 4 sn, pr 2 bl, pr 3 sn, pr 2 bl, pr 2 sn, eyg.
Fila 9: tpd 3 sn, tpd 1 bl, tpd 5 sn, [tpd2j bl] 2 veces, tpd 5 sn, tpd 1 bl, tpd 2 sn, eyg.
Fila 10: pr 2 sn, pr 2 bl, pr 10 sn, pr 2 bl, pr 2 sn, eyg.
Fila 11: tpd 3 sn, tpd 1 bl, tpd 10 sn, tpd 1 bl, tpd 2 sn, eyg.
Fila 12: pr 2 sn, pr 2 bl, pr 8 sn, pr 2 bl, pr 2 sn, eyg.
Fila 13: tpd 3 sn, tpd 3 bl, tpd 4 sn, tpd 3 bl, tpd 2 sn, eyg.
Fila 14: pr 4 sn, pr 2 bl, pr 2 sn, pr 2 bl, pr 4 sn, eyg.
Fila 15: tpd 1 bl, tpd 5 sn, tpd 2 bl, tpd 5 sn, eyg.
Fila 16: pr 1 bl, pr 10 sm, pr 1 bl, eyg.
Fila 17: tpd 2 bl, tpd 8 sn, tpd 1 bl, eyg.
Fila 18: pr 1 sn, pr 2 bl, pr 4 sn, pr 2 bl, pr 1 sn, eyg.
Fila 19: tpd 4 sn, tpd 4 bl, tpd 3 sn, eyg.
Fila 20: pr 12 sn, eyg.
Fila 21: tpd 13 sn, eyg.
Fila 22: pr 14 sn, eyg.
Fila 23: tpd 2 sn, tpd 2 bl, tpd 6 sn, tpd 2 bl, tpd 6 sn, eyg.
Fila 26: pr 1 sn, pr 1 bl, pr 6 sn, pr 2 bl, pr 6 sn, pr 2 bl, eyg.
Fila 27: tpd 1 sn, tpd 3 bl, tpd 10 sn, tpd 2 bl, tpd 3 sn, eyg.
Fila 28: pr 5 sn, pr 3 bl, pr 4 sn, pr 3 bl, pr 5 sn, eyg.
Fila 29: tpd 8 sn, tpd 4 bl, tpd 9 sn (22 ps en total).
Fila 30: aum sn, pr 2 bl, pr 16 sn, pr 2 bl, aum sn (24 ps).
Fila 31: tpd 4 sn, tpd 3 bl, tpd 10 sn, tpd 3 bl, tpd 4 sn.
Fila 32: pr 7 sn, pr 3 bl, pr 4 sn, pr 3 bl, pr 7 sn.
Fila 33: tpd 11 sn, tpd 2 bl, tpd 11 sn.
Fila 34: pr 1 bl, pr 9 sn, pr 1 bl, pr 2 sn, pr 1 bl, pr 9 sn, pr 1 bl.
Fila 35: tpd2j bl, tpd 2 bl, tpd 2 sn, tpd 1 bl, tpd 2 sn, tpd 1 bl, tpd 4 sn, tpd 1 bl, tpd 2 sn, tpd 1 bl, tpd 2 sn, tpd 2 bl, tpd2j bl (22 ps).
Fila 36: pr 4 sn, pr 1 bl, pr 2 sn, pr 1 bl, pr 2 sn, pr 2 bl, pr 2 sn, pr 1 bl, pr 2 sn, pr 1 bl, pr 4 sn.

Fila 37: tpd2j sn, tpd 1 sn, tpd 1 bl, tpd 2 sn, tpd 1 bl, tpd 2 sn, tpd 1 bl, tpd 2 sn, tpd 1 bl, tpd 2 sn, tpd 1 bl, tpd 2 sn, tpd 1 bl, tpd 1 sn, tpd2j sn (20 ps).
Fila 38: pr 1 sn, pr 1 bl, pr 2 sn, pr 1 bl, pr 2 sn, pr 1 bl, pr 4 sn, pr 1 bl, pr 2 sn, pr 1 bl, pr 2 sn, pr 1 bl, pr 1 sn.
Fila 39: tpd 3 sn, tpd 1 bl, tpd 3 sn, tpd 1 bl, tpd 4 sn, tpd 1 bl, tpd 3 sn, tpd 1 bl, tpd 3 sn.
Fila 40: pr 2 sn, pr 1 bl, pr 2 sn, pr 1 bl, pr 2 sn, pr 1 bl, pr 2 sn, pr 1 bl, pr 2 sn, pr 1 bl, pr 2 sn, pr 1 bl, pr 2 sn.
Fila 41: tpd2j sn, tpd 2 sn, tpd 12 bl, tpd 2 sn, tpd2j sn (18 ps).
Cont con bl.
Trabajar 2 filas en pj.
Fila 44: rematar 5 ps, pr hasta el fina (13 ps).
Fila 45: rematar 5 ps, tpd hasta el final (8 ps).
Trabajar 3 filas en pj.
Fila 49: [tpd2j] 4 veces (4 ps).
Rematar.

Barriga

Con sn, montar 8 ps.
Emp con una fila en tpd, trabajar 2 filas en pj.
Fila 3: tpd2j, tpd 4, tpd2j (6 ps).
Fila 4: pr2j, pr 2, pr2j (4 ps).
Trabajar 10 filas en pj.
Fila 15: aum, tpd 2, aum (6 ps).
Fila 16: aum, pr 4, aum (8 ps).
Trabajar 30 filas en pj.
Fila 47: tpd2j, tpd 4, tpd2j (6 ps).
Fila 48: pr2j, pr 2, pr2j (4 ps).
Trabajar 6 filas en pj.
Fila 55: aum, tpd 2, aum (6 ps).
Fila 56: punto revés.
Añadir bl.
Fila 57: tpd 2 sn, tpd 2 bl, tpd 2 sn.
Fila 58: pr 2 bl, pr 2 sn, pr 2 bl.
Cont con sn.
Fila 59: aum, tpd 4, aum (8 ps).
Trabajar 5 filas en pj.
Añadir bl.
Fila 65: tpd 3 sn, tpd 2 bl, tpd 3 sn.

Fila 66: pr 2 sn, pr 1 bl, pr 2 sn, pr 1 bl, pr 2 sn.
Fila 67: tpd 2 bl, tpd 4 sn, tpd 2 bl.
Cont con sn.
Trabajar 3 filas en pj.
Añadir bl.
Fila 71: tpd 3 sn, tpd 2 bl, tpd 3 sn.
Fila 72: pr 3 bl, pr 2 sn, pr 3 bl.
Cont con sn.
Trabajar 2 filas en pj.
Fila 75: tpd2j, tpd 4, tpd2j (6 ps).
Trabajar 3 filas en pj.
Añadir bl.
Fila 79: tpd 2 sn, tpd 2 bl, tpd 2 sn.
Fila 80: pr 2 bl, pr 2 sn, pr 2 bl.
Cont con sn.
Trabajar 2 filas en pj.
Añadir bl.
Fila 83: tpd 2 sn, tpd 2 bl, tpd 2 sn.
Fila 84: pr 2 bl, pr 2 sn, pr 2 bl.
Cont con sn.
Trabajar 12 filas en pj.
Fila 97: tpd 1, [tpd2j] 2 veces, tpd 1 (4 ps).
Trabajar 3 filas en pj.
Cont con bl.
Trabajar 3 filas en pj.
Rematar.

Cola

Con las agujas de doble punta y sn y bl, montar 2 ps sn, 2 ps bl, 2 ps sn (6 ps).
Mantener la anchura de las rayas y trabajar en cordón tejido como sigue:
Tejer 12 filas en punto derecho.
Rematar.

Oreja

(Tejer 2 iguales)
Con sn, montar 6 ps.
Tejer 6 filas en punto derecho.
Fila 7: tpd2j, tpd 2, tpd2j (4 ps).
Tejer 2 filas en punto derecho.
Fila 10: [tpd2j] 2 veces (2 ps).
Fila 11: tpd2j y atar.

Acabados

COSER LOS EXTREMOS Deje los extremos de
la fila montada y las filas rematadas para coserlos.

PATAS Con los LR juntos, doble las patas por la
mitad y cósalas por los LD empezando por las
pezuñas.

CUERPO Cosa siguiendo el lomo de la cebra hasta
llegar a los cuartos traseros, que se cosen alrededor.

HOCICO Cosa la sección central del hocico a los
lados de la misma para darle una forma cuadrada.

BARRIGA Cosa la fila montada de la barriga
a la base de los cuartos traseros (donde empiezan
las patas), y la fila rematada al hocico. Afloje
y cosa la barriga de manera que se ajuste al
cuerpo. Deje un hueco de 2,5 cm entre las patas
delanteras y traseras, a un lado.

RELLENO Los limpiapipas sirven para dar rigidez
a las patas y doblarlas a su gusto. Doble un
limpiapipas en forma de U y compare la medida
con las patas delanteras. Corte para que coincidan,
dejando 2,5 cm de más en ambos extremos. Doble
esos extremos para impedir que el limpiapipas se
salga por las pezuñas. Enrolle un poco de relleno
alrededor del limpiapias e introdúzcalo en el cuerpo
para que cada extremo baje hasta cada una de las
patas delanteras. Repita con el segundo limpiapipas
y las patas traseras. Empiece a rellenar la cebra
por la cabeza. Cosa el hueco y dé forma al animal.

COLA Sujete la fila montada de la cola en el punto
donde empiezan los cuartos traseros. Corte 5 piezas
de 10 cm de bl y utilice la aguja de ganchillo y el
método de los flecos de bufanda (*véase* pág. 173)
para sujetar las borlas al final de la cola. Recorte.

OREJAS Cosa la fila montada de cada oreja
a la cabeza; deje 4 ps entre las orejas.

OJOS Con bl, cosa 3 puntadas satinadas un poco
inclinadas como se observa en la fotografía.

CRINES Corte 15 segmentos de 5 cm de sn
y 13 segmentos de 5 cm de bl. Utilice la aguja
de ganchillo y el método de los flecos de bufanda
(*véase* pág. 173) para sujetar las borlas en el
centro del cuello y entre las orejas de manera
que las borlas negras coincidan con rayas blancas.
Recorte como se observa en la fotografía.

Mandril

El mandril es, probablemente, el más colorido de todos los primates. Los mandriles viven en manadas lideradas por un macho dominante. Por supuesto, el colorido de los machos resulta más vistoso que el de las hembras. Rafiki, el consejero de Simba en *El rey león*, es un mandril, aunque su retrato no es del todo preciso porque tiene cola y a veces se refieren a él como «babuino». Los mandriles se consideran vulnerables debido a la deforestación y a la caza.

Mandril

Animal de aspecto peculiar,
complicado de tejer
pero muy gratificante.

Medidas
Longitud: 17 cm.
Altura hasta la parte superior de la cabeza:
15 cm.

Materiales
- Un par de agujas de tejer de 2 ¾ mm
- Agujas de tejer de doble punta (para sujetar los puntos) de 2 ¾ mm
- 20 g de Rowan Kid Classic en Bitter Sweet 866 (bs)
- 10 g de Rowan Kidsilk Haze en Ember (em)
Nota: para la mayor parte de este patrón se utiliza 1 hebra de em y 1 de bs juntas; lo llamamos bsem.
- 5 g de Rowan Kidsilk Haze en Cream (cr)
- 10 g de Rowan Pure Wool de 4 dobleces en Kiss 436 (ki)
- 5 g de Rowan Pure Wool de 4 dobleces en Blue Iris 455 (bi)
- 2 limpiapipas para las patas
- 2 cuentas negras muy pequeñas para los ojos, aguja e hilo para coserlas

Abreviaturas
Véase pág. 172.
Véase pág. 172, Tejer con diferentes colores.
Véase pág. 172, Enrollar y girar.
Véase pág. 173, Punto bucle. Trabajar con punto bucle con 2 dedos para el cuerpo y la cabeza y con 1 dedo para la barriga.
NOTA: este animal no tiene cola.

Pata trasera derecha
Con bs, montar 6 ps.
Emp con una fila en tpd, trabajar 10 filas en pj.
Añadir em (1 hebra).
Cont con bsem.
Fila 11: aum, tpd 1, [aum] 2 veces, tpd 1, aum (10 ps).
Trabajar 13 filas en pj.
Fila 25: aum, tpd 8, aum (12 ps).
Fila 26: punto revés.
Fila 27: aum, tpd 1, aum (14 ps).
Fila 28: punto revés.
Trabajar 2 filas en pj.
Fila 31: aum, tpd 12, aum (16 ps).
Fila 32: punto revés.*
Fila 33: rematar 8 ps, tpd hasta el final (sujetar 8 ps en la aguja suelta para el lado derecho del cuerpo).

Pata trasera izquierda
Tejer como la pata trasera derecha hasta *.
Fila 33: tpd 8, rematar 8 ps (sujetar 8 ps en la aguja suelta para el lado izquierdo del cuerpo).

Pata delantera derecha
Con bs, montar 5 ps.
Emp con una fila en tpd, trabajar 6 filas en pj.
Añadir em (1 hebra).
Cont con bsem.
Fila 7: aum, tpd 1, aum, tpd 1, aum (8 ps).
Fila 8: punto revés.
Fila 9: aum, tpd 6, aum (10 ps).
Fila 10: punto revés.
Trabajar 8 filas en pj.
Fila 19: aum, tpd 8, aum (12 ps).
Fila 20: punto revés.
Trabajar 6 filas en pj.**
Fila 27: rematar 6 ps, tpd hasta el final (sujetar 6 ps en la aguja suelta para el lado derecho del cuerpo).

Pata delantera izquierda
Tejer como la pata delantera derecha hasta **.
Fila 27: tpd 6, rematar 6 ps (sujetar 6 ps en la aguja suelta para el lado izquierdo del cuerpo).

Lado derecho del cuerpo
Con 2 hebras de cr, montar 12 ps.
Fila 1: punto derecho.
Fila 2: aum, pr 10, aum (14 ps).
Fila 3: aum, tpd 12, aum (16 ps).
Fila 4: punto revés.
Fila 5: tpd 1, p bucle 14, tpd 1.
Cont con bsem.
Fila 6: pr 16, con los LR juntos pr 6 con la aguja suelta para la pata delantera derecha (22 ps).
Trabajar 2 filas en pj.
Fila 9: tpd 22, con los LD juntos tpd 8 con la aguja suelta para la pata trasera derecha (30 ps).
Fila 10: punto revés.
Fila 11: tpd 6, aum, tpd 23 (31 ps).
Fila 12: pr 24, aum, pr 6 (32 ps).
Fila 13: tpd 6, aum, tpd 25 (33 ps).
Fila 14: pr 26, aum, pr 6 (34 ps).
Fila 15: tpd 6, aum, tpd 27 (35 ps).
Fila 16: pr 28, aum, pr 6 (36 ps).
Fila 17: tpd 34, tpd2j (35 ps).
Fila 18: punto revés.
Fila 19: tpd 33, tpd2j (34 ps).
Fila 20: punto revés.
Fila 21: tpd 32, tpd2j (33 ps).
Fila 22: rematar 22 ps, pr hasta el final (sujetar 11 ps en la aguja suelta para el cuello).

Lado izquierdo del cuerpo
Con 2 hebras de cr, montar 12 ps.
Fila 1: punto derecho.
Fila 2: aum, pr 10, aum (14 ps).
Fila 3: aum, tpd 12, aum (16 ps).
Fila 4: punto revés.
Fila 5: tpd 1, p bucle 14, tpd 1.
Cont con bsem.
Fila 6: con los LR juntos pr 6 con la aguja suelta para la pata delantera izquierda, pr 16 (22 ps).
Trabajar 2 filas en pj.
Fila 9: con los LD juntos tpd 8 con la aguja suelta para la pata trasera izquierda, tpd 22 (30 ps).
Fila 10: punto revés.
Fila 11: pr 6, aum, pr 23 (31 ps).

Cabeza

El mandril presenta un cuello con puntos bucle cortados.

Fila 12: tpd 24, aum, tpd 6 (32 ps).
Fila 13: pr 6, aum, pr 25 (33 ps).
Fila 14: tpd 26, aum, tpd 6 (34 ps).
Fila 15: pr 6, aum, pr 27 (35 ps).
Fila 16: tpd 28, aum, tpd 6 (36 ps).
Fila 17: pr 34, pr2j (35 ps).
Fila 18: punto derecho.
Fila 19: pr 33, pr2j (34 ps).
Fila 20: punto derecho.
Fila 21: pr 32, pr2j (33 ps).
Fila 22: rematar 22 ps, tpd hasta el final
(sujetar 11 ps en la aguja suelta para
el cuello).

Cuello y cabeza

Con bsem y los LD juntos, tpd 11 con la aguja
suelta para el lado derecho del cuerpo, tpd 11 con
la aguja suelta para el lado izquierdo del cuerpo
(22 ps).
Fila 1: punto revés.
Fila 2: tpd 1, p bucle 20, tpd 1.

Fila 3: punto revés.
Añadir otra hebra de em.
Fila 4: con 2 cabos de em, p bucle 8 em, p bucle
6 bs, p bucle 8 em.
Cont con bsem.
Fila 5: pr2j, pr 2, pr2j, pr 10, pr2j, pr 2, pr2j
(18 ps).
Fila 6: tpd 6 bsem, tpd 6 bs, eyg (dejar 6 ps sin
trabajar en la aguja izquierda).
Fila 7: trabajar en el centro 6 ps y cont con bs,
pr 6, eyg.
Fila 8: tpd 6, eyg.
Fila 9: pr 6, eyg.
Fila 10: tpd 5, eyg.
Fila 11: pr 4, eyg.
Fila 12: tpd 3, eyg.
Fila 13: pr 2, eyg.
Fila 14: tpd 3, eyg.
Fila 15: pr 4, eyg.
Fila 16: tpd 5, eyg.
Fila 17: pr 6, eyg.

Fila 18: tpd 12 (18 ps en total).
Cont con bsem.
Fila 19: pr2j, pr 2, pr2j, tpd 6, tpd2j, pr 2, pr2j
(14 ps).
Añadir bi y ki.
Fila 20: tpd2j bsem, tpd 1 besem, tpd2j bi, tpd
2 ki, tpd 2 bi, tpd2j bi, tpd 1 bsem, tpd2j bsem
(10 ps).
Fila 21: pr 2 bsem, pr 2 bi, pr 2 ki, pr 2 bi,
pr 2 bsem.
Fila 22: tpd 2 bsem, tpd 2 bi, tpd 2 ki, tpd 2 bi,
tpd 2 bsem.
Rp filas 21-22 2 veces más.
Fila 27: pr2j bsem, pr 2 bi, pr 2 ki, pr 2 bi, pr2j
bsem (8 ps).
Fila 28: tpd2j bi, tpd 4 ki, tpd2j bi (6 ps).
Rematar 1 p bi, 4 ps ki, 1 p bi.

Barriga

(Empezar en la barbilla)

Con cr, montar 4 ps.

Emp con una fila en tpd, trabajar 2 filas en pj.

Fila 3: p bucle 4.

Fila 4: punto revés.

Cambiar a bsem.

Trabajar 26 filas en pj.

Fila 31: aum, tpd 2, aum (6 ps).

Trabajar 9 filas en pj.

Cambiar a cr.

Trabajar 20 filas en pj.

Cambiar a bsem.

Trabajar 12 filas en pj.

Cambiar a ki.

Fila 73: [aum] 6 veces (12 ps).

Fila 74: punto revés.

Fila 75: aum, tpd 3, aum, tpd 2, aum, tpd 3, aum (16 ps).

Fila 76: punto revés.

Fila 77: aum, tpd 4, aum, tpd 4, aum, tpd 4, aum (20 ps).

Fila 78: punto revés.

Trabajar 4 filas en pj.

Fila 83: [tpd2j] 10 veces (10 ps).

Fila 84: punto revés.

Fila 85: [tpd2j] 5 veces (5 ps).

Fila 86: punto revés.

Fila 87: tpd2j, tpd 1, tpd2j (3 ps).

Fila 88: punto revés.

Fila 89: tpd3j y atar.

Cuerpo

Manipule el relleno para que el trasero del mandril quede lo más abultado posible.

Acabados

COSER LOS EXTREMOS Deje los extremos de
la fila montada y las filas rematadas para coserlos.

PATAS Con los LR juntos, doble las patas por
la mitad y cósalas por los LD empezando por las
pezuñas. Los limpiapipas sirven para dar rigidez
a las patas y doblarlas según la forma deseada.
Doble un limpiapipas en forma de U y compare
la medida con las patas delanteras. Corte de
manera que coincidan, pero dejando 1,5 cm
de más en ambos extremos. Doble esos extremos
para impedir que el limpiapipas se salga por las
pezuñas. Enrolle un poco de relleno alrededor del
limpiapias e introdúzcalo en el cuerpo de manera
que cada extremo baje hasta cada una de las patas
delanteras. Repita con el segundo limpiapipas
y las patas traseras. Doble las pezuñas hacia
delante para que el mandril quede de pie, como
se observa en la fotografía.

CUERPO Y CABEZA Cosa siguiendo el lomo
hasta llegar a la zona roja, que se cose por debajo.
Doble el hocico por la mitad y cósalo.

BARRIGA Cosa la fila rematada de la barriga
a la parte posterior de las patas traseras
y el cuerpo hasta la barbilla. Deje un hueco
de 2,5 cm a un lado para introducir el relleno.
Corte los bucles de la barriga

RELLENO Empiece por la cabeza y rellene con
firmeza. Cosa el hueco.

CUELLO Corte los bucles de manera que quede
una gola romboidal (más corta por los lados
y acabada en punta; *véase* fotografía).

OJOS Cosa las dos cuentas negras a modo de ojos
a los lados de la parte superior de la banda roja.

Camello

El camello, el «caballo de tiro» del desierto, es
extremadamente versátil. La joroba de grasa le permite
sobrevivir sin agua en un clima cálido mucho tiempo.
A lo largo de la evolución, el camello se ha adaptado
perfectamente a condiciones extremas: patas largas,
boca correosa para poder comer plantas espinosas, piel
gruesa para las frías noches del desierto y deposiciones
secas que los beduinos utilizan como combustible para
sus hogueras. En África y en India se utilizaron camellos
en el ejército; hoy proporcionan leche, carne y transporte
a los autóctonos, y oportunidades para salir en las
fotos con los turistas. No sabemos por qué «Camel»
es también una marca de cigarrillos.

Camello

Animal sencillo de tejer,
en un solo color, requiere
rellenar bien la joroba
y las pezuñas.

Medidas

Longitud: 23 cm.
Altura hasta la parte superior de la cabeza: 18 cm.

Materiales

- Un par de agujas de tejer de 2 ¾ mm
- Agujas de tejer de doble punta (para sujetar
  los puntos y tejer la cola) de 2 ¾ mm
- 30 g de Rowan Pure Wool de 4 dobleces
  en Ochre 461 (oc)
- Una pequeña cantidad de Rowan Pure Wool
  de 4 dobleces en Mocha 417 (mo) para los
  penachos de la cola, los ojos, el hocico
  y las pezuñas
- 3 limpiapipas para las patas, la cabeza
  y el cuello

Abreviaturas

Véase pág. 172.
Véase pág. 172, Técnica de cordón tejido.
Véase pág. 172, Enrollar y girar.

Pata trasera derecha

Con oc, montar 13 ps.
Emp con una fila en tpd, trabajar 2 filas en pj.
Fila 3: aum, tpd 3, tpd2j, tpd 1, tpd2j, tpd 3,
aum (13 ps).
Fila 4: punto revés.
Rp filas 3-4 1 vez más.
Fila 7: tpd 2, [tpd2j] 2 veces, tpd 1, [tpd2j] 2 veces,
tpd 2 (9 ps).

Fila 8: pr 2, pr2j, pr 1, pr2j, pr 2.* (7 ps).
Trabajar 8 filas en pj.
Fila 17: aum, tpd 5, aum (9 ps).
Trabajar 5 filas en pj.
Fila 23: tpd 2, [aum] 2 veces, tpd 1, [aum] 2 veces,
tpd 2 (13 ps).
Trabajar 3 filas en pj.
Fila 27: tpd 2, [tpd2j] 2 veces, tpd 1, [tpd2j] 2 veces,
tpd 2 (9 ps).
Fila 28: punto revés.
Fila 29: tpd2j, tpd 1, aum, tpd 1, aum, tpd 1, tpd2j
(9 ps).
Fila 30: punto revés.
Fila 31: tpd 3, aum, tpd 1, aum, tpd 3 (11 ps).
Trabajar 3 filas en pj.
Fila 35: tpd 4, aum, tpd 1, aum, tpd 4 (13 ps).
Trabajar 3 filas en pj.
Fila 39: tpd 5, aum, tpd 1, aum, tpd 5 (15 ps).
Fila 40: punto revés.
Fila 41: tpd 6, aum, tpd 1, aum, tpd 6 (17 ps).
Fila 42: punto revés.
Fila 43: tpd 7, aum, tpd 1, aum, tpd 7 (19 ps).
Fila 44: punto revés.
Fila 45: tpd 8, aum, tpd 1, aum, tpd 8 (21 ps).
Fila 46: punto revés.
Fila 47: tpd 9, aum, tpd 1, aum, tpd 9 (23 ps).
Fila 48: punto revés.**
Fila 49: rematar 11 ps, tpd hasta el final (sujetar
12 ps en la aguja suelta para el lado derecho del
cuerpo).

Pata trasera izquierda

Tejer como la pata trasera derecha hasta **.
Fila 49: tpd 12, rematar 11 ps (sujetar 12 ps en
la aguja suelta para el lado izquierdo del cuerpo).

Pata delantera derecha

Tejer como la pata trasera derecha hasta *.
Trabajar 6 filas en pj.
Fila 15: aum, tpd 5, aum (9 ps).
Trabajar 5 filas en pj.
Fila 21: tpd 2, [aum] 2 veces, tpd 1, [aum] 2 veces,
tpd 2 (13 ps).
Trabajar 3 filas en pj.

Patas

Para que el camello se mantenga
sobre sus largas patas, es preciso
utilizar limpiapipas.

Fila 25: tpd 2, [tpd2j] 2 veces, tpd 1, [tpd2j] 2 veces, tpd 2 (9 ps).

Trabajar 3 filas en pj.

Fila 29: aum, tpd 7, aum (11 ps).

Trabajar 3 filas en pj.

Fila 33: aum, tpd 9, aum (13 ps).

Trabajar 3 filas en pj.

Fila 37: aum, tpd 11, aum (15 ps).

Fila 38: punto revés.***

Fila 39: rematar 7 ps, tpd hasta el final (sujetar 8 ps en la aguja suelta para el lado derecho del cuerpo).

Pata delantera izquierda

Tejer como la pata delantera derecha hasta ***.

Fila 39: tpd 8, rematar 7 ps (sujetar 8 ps en la aguja suelta para el lado izquierdo del cuerpo).

Lado derecho del cuerpo

Fila 1: con oc, montar 1 p, con los LD juntos tpd 8 con la aguja suelta para la pata delantera derecha, montar 5 ps (14 ps).

Fila 2: punto revés.

Fila 3: aum, tpd 13, montar 4 ps (19 ps).

Fila 4: punto revés.

Fila 5: aum, tpd 18, montar 2 ps (22 ps).

Fila 6: pr 22, montar 5 ps (27 ps).

Fila 7: tpd 27, montar 2 ps (20 ps).

Fila 8: punto revés.

Fila 9: aum, tpd 28, montar 2 ps (32 ps).

Fila 10: punto revés.

Fila 11: aum, tpd 31, montar 2 ps, con los LD juntos tpd 12 con la aguja suelta para la pata trasera derecha, montar 2 ps (49 ps).

Fila 12: punto revés.

Fila 13: punto derecho.

Fila 14: punto revés.

Fila 15: aum, tpd 48 (50 ps).

Fila 16: pr 39, rematar 2 ps, pr hasta el final (sujetar 8 ps en la aguja suelta para el lado derecho del cuello).

Fila 17: trabajar 39 ps para el cuerpo, juntar el hilo, tpd 39.

Fila 18: punto revés.

Fila 19: punto derecho.

Fila 20: pr 37, pr2j (38 ps).

Fila 21: punto derecho.

Fila 22: pr2j, pr 34, pr2j (36 ps).

Fila 23: punto derecho.

Fila 24: pr 34, pr2j (35 ps).

Fila 25: rematar 2 ps, tpd 31 inclpm, tpd2j (32 ps).

Fila 26: rematar 3 ps, pr 27 inclpm, pr2j (28 ps).

Fila 27: tpd2j, tpd 24, tpd2j (26 ps).

Fila 28: rematar 2 ps, pr hasta el final (24 ps).

Fila 29: tpd2j, tpd 20, tpd2j (22 ps).

Fila 30: pr2j, pr 18, pr2j (20 ps).

Fila 31: rematar 2 ps, tpd 16 inclpm, tpd2j (17 ps).

Fila 32: pr2j, pr 15 (16 ps).

Fila 33: tpd2j, tpd 12, tpd2j (14 ps).

Fila 34: pr2j, pr 10, pr2j (12 ps).

Fila 35: tpd2j, tpd 8, tpd2j (10 ps).

Fila 36: pr2j, pr 6, pr2j (8 ps).

Rematar.

Lado izquierdo del cuerpo

Fila 1: con oc, montar 1 p, con los LR juntos pr con la aguja suelta para la pata delantera izquierda, montar 5 ps (14 ps).

Fila 2: punto derecho.

Fila 3: aum, pr 13, montar 4 ps (19 ps).

Fila 4: punto derecho.

Fila 5: aum, pr 18, montar 2 ps (22 ps).

Fila 6: tpd 22, montar 5 ps (27 ps).

Fila 7: pr 27, montar 2 ps (29 ps).

Fila 8: punto derecho.

Fila 9: aum, pr 28, montar 2 ps (32 ps).

Fila 10: punto derecho.

Fila 11: aum, pr 31, montar 2 ps, con los LR juntos pr 12 con la aguja suelta para la pata trasera izquierda, montar 2 ps (49 ps).

Fila 12: punto derecho.

Fila 13: punto revés.

Fila 14: punto derecho.

Fila 15: aum, pr 48 (50 ps).

Fila 16: tpd 39, rematar 3 ps, tpd hasta el final (sujetar 8 ps en la aguja suelta para el lado izquierdo del cuello).

Fila 17: trabajar 39 ps para el cuerpo, juntar de nuevo el hilo, pr 39.

Fila 18: punto derecho.

Fila 19: punto revés.

Fila 20: tpd 37, tpd2j (38 ps).

Fila 21: punto revés.

Fila 22: tpd2j, tpd 34, tpd2j (36 ps).

Fila 23: punto revés.

Fila 24: tpd 34, tpd2j (35 ps).

Fila 25: rematar 2 ps, pr 31 inclpm, pr2j (32 ps).

Fila 26: rematar 3 ps, tpd 27 inclpm, tpd2j (28 ps).

Fila 27: pr2j, pr 24, pr2j (26 ps).

Fila 28: rematar 2 ps, tpd hasta el final (24 ps).

Fila 29: pr2j, pr 20, pr2j (22 ps).

Fila 30: tpd2j, tpd 18, tpd2j (20 ps).

Fila 31: rematar 2 ps, pr 16 inclpm, pr2j (17 ps).

Fila 32: tpd2j, tpd 15 (16 ps).

Fila 33: pr2j, pr 12, pr2j (14 ps).

Fila 34: tpd2j, tpd 10, tpd2j (12 ps).

Fila 35: pr2j, pr 8, pr2j (10 ps).

Fila 36: tpd2j, tpd 6, tpd 2j (8 ps).

Rematar.

Cuello y cabeza

Fila 1: con oc, tpd 8 para el cuello con la aguja suelta para el lado derecho del cuerpo, tpd 8 para el cuello con la aguja suelta para el lado izquierdo del cuerpo (16 ps).

Fila 2: punto revés.

Fila 3: aum, tpd 14, aum (18 ps).

Fila 4: punto revés.

Fila 5: punto derecho.

Fila 6: punto revés.

Fila 7: aum, tpd 5, tpd2j, tpd 2, tpd2j, tpd 5, aum (18 ps).

Fila 8: punto revés.

Fila 9: punto derecho.

Fila 10: punto revés.

Fila 11: punto derecho.

Fila 12: punto revés.

Fila 13: aum, tpd 5, tpd2j, tpd 2, tpd2j, tpd 5, aum (18 ps).

Fila 14: punto revés.

Fila 15: punto derecho.

Fila 16: pr 6, pr2j, pr 2, pr2j, pr 6 (16 ps).

Cabeza

Las fosas nasales del camello se bordan
con puntada de cadeneta.

Fila 17: tpd 13, enrollar y girar (dejar 3 ps sin
trabajar en la aguja izquierda).
Fila 18: trabajar en el centro de la parte superior
de la cabeza solamente 10 ps, pr 10, eyg.
Fila 19: tpd 10, eyg.
Fila 20: pr 10, eyg.
Rp filas 19-20.
Fila 23: tpd 13 (16 ps en total).
Fila 24: punto revés.
Fila 25: tpd2j, tpd 12, tpd2j (14 ps).
Fila 26: punto revés.
Fila 27: tpd 11, enrollar y girar (dejar 3 ps sin
trabajar en la aguja izquierda).
Fila 28: pr 8, eyg.
Fila 29: tpd 8, eyg.
Fila 30: pr 8, eyg.
Fila 31: tpd 11 (14 ps en total).
Fila 32: pr 2, pr2j, pr 2, pr2j, pr 2, pr2j, pr 2
(11 ps).
Trabajar 4 filas en pj.
Fila 37: tpd2j, tpd 2, aum, tpd 1, aum, tpd 2,
tpd2j (11 ps).
Trabajar 3 filas en pj.
Fila 41: tpd2j, tpd 1, tpd2j, tpd 1, tpd2j, tpd 1,
tpd2j (7 ps).
Rematar.

Barriga

Con oc, montar 6 ps.
Emp con una fila en tpd, trabajar 2 filas en pj.
Fila 3: tpd2j, tpd 2, tpd2j (4 ps).
Trabajar 11 filas en pj.
Fila 15: aum, tpd 2, aum (6 ps).
Trabajar 9 filas en pj.
Fila 25: tpd 1, aum, tpd 2, aum, tpd 1 (8 ps).
Trabajar 19 filas en pj.

Fila 45: tpd2j, tpd 4, tpd2j (6 ps).
Trabajar 7 filas en pj.
Fila 53: aum, tpd 4, aum (8 ps).
Trabajar 7 filas en pj.
Fila 61: tpd 1, tpd2j, tpd 2, tpd2j, tpd 1 (6 ps).
Trabajar 9 filas en pj.
Fila 71: tdp 1, [tpd2j] dos veces, tpd 1 (4 ps).
Trabajar 19 filas en pj.
Fila 91: [aum] 4 veces (8 ps).
Fila 92: pr 2, aum, pr 2, aum, pr 2 (10 ps).
Trabajar 4 filas en pj.
Fila 97: [tpd2j] 5 veces (5 ps).
Rematar.

Oreja

(Tejer 2 iguales)
Con oc, montar 5 ps.
Emp con una fila en tpd, trabajar 4 filas en pj.
Fila 5: tpd2j, tpd 1, tpd2j (3 ps).
Fila 6: pr3j y atar.

Cola

Con las agujas de doble punta y oc, montar 8 ps.
Trabajar en cordón tejido como se indica:
Tejer 16 filas en punto derecho.
Fila 17: tpd2j, tpd 4, tpd2j (6 ps).
Tejer 8 filas.
Rematar.

Acabados

COSER LOS EXTREMOS Deje los extremos de
la fila montada y las filas rematadas para coserlos.

PATAS Con los LR juntos, doble las patas por
la mitad y cósalas por los LD empezando por las
pezuñas.

CUERPO Cosa siguiendo el lomo de la cebra hasta
llegar a los cuartos traseros, que se cosen alrededor.

BARRIGA Cosa la fila montada de la barriga
a la base de los cuartos traseros (donde empiezan
las patas), y la fila rematada al hocico. Afloje y
cosa la barriga de manera que se ajuste al cuerpo
y las curvas de la barriga coincidan con las patas.
Deje un hueco de 2,5 cm entre las patas delanteras
y traseras, a un lado.

RELLENO Los limpiapipas sirven para dar
rigidez y forma a las patas. Doble uno en forma
de U y compare la medida con las patas delanteras.
Corte de manera que coincidan, pero dejando
2,5 cm de más en ambos extremos. Doble esos
extremos para impedir que el limpiapipas se salga
por las pezuñas. Enrolle un poco de relleno en el
limpiapias e introdúzcalo en el cuerpo de manera
que cada extremo baje hasta cada una de las patas
delanteras. Repita con el segundo limpiapipas y las
patas traseras. Empiece a rellenar el camello por
la cabeza. Cosa el hueco y dé forma al animal.

COLA Sujete la fila montada de la cola en el
punto donde empiezan los cuartos traseros.
Corte 6 cabos de 7,5 cm de mo y sujete tres
borlas con una aguja de ganchillo al final
de la cola. Recorte.

OREJAS Cosa la fila montada de cada oreja,
con los lados del pj inverso hacia fuera y con
2 ps entre las orejas.

OJOS Con mo, cosa 3 puntadas satinadas
ligeramente inclinadas como se observa
en la fotografía.

HOCICO Con mo, borde el hocico con 2 puntadas
satinadas verticales. Para las fosas nasales utilice
2 puntadas de cadeneta diagonales.

PEZUÑAS Con mo, haga 2 puntadas satinadas
en el centro de cada pezuña.

Suricato

El apreciado suricato es un animal sociable. Vive
en grandes grupos y cada uno desempeña un papel:
vigilante, niñera, excavador o explorador. Los suricatos
producen sonidos diversos; son capaces de gorjear,
trinar, gruñir o ladrar en función de las circunstancias.
Timón, de *El rey león*, es un suricato, animal que
también se ha utilizado en publicidad. El suricato
de punto es ideal; en cambio, un suricato de verdad
no es una buena mascota porque son agresivos
y tienden a morder a las visitas.

Suricato

Irresistible y tan sencillo de tejer que puede atreverse a crear una manada.

Medidas

Anchura en el punto más amplio (caderas): 6 cm.
Altura: 18 cm.

Materiales

- Un par de agujas de tejer de 2 ¾ mm
- Agujas de tejer de doble punta (para sujetar los puntos) de 2 ¾ mm
- 10 g de Rowan Kidsilk Haze en Mud (mu)
- 15 g de Rowan Pure Wool de 4 dobleces en Toffee 453 (tf)

Nota: en algunas zonas del animal se utiliza 1 hebra de mu y 1 hebra de tf juntas; lo llamamos mutf

- 15 g de Rowan Pure Wool de 4 dobleces en Porcelaine 451 (pr)

Nota: en algunas zonas del animal se utiliza 1 hebra de mu y 1 hebra de pr juntas; lo llamamos mupr

- 5 g de Rowan Kidsilk Haze en Blackcurrant 641 (bl) utilizada DOBLE en todo el patrón
- 4 limpiapipas para las patas delanteras y traseras, la cola y la columna
- 2 cuentas negras muy pequeñas para los ojos, aguja e hilo negro para coserlas

Abreviaturas

Véase pág. 172.
Véase pág. 172, Tejer con diferentes clores.
Véase pág. 172, Enrollar y girar.

Pata trasera derecha

Con mutf, montar 6 ps.
Añadir mupr.
Fila 1: tpd 3 mupr, tpd 3 mutf.
Fila 2: pr 3 mutf, pr 3 mupr.
Rp filas 1-2 8 veces más.
Fila 19: tpd 1 mupr, aum mupr, tpd 1 mupr, tpd 1 mutf, aum mutf, tpd 1 mutf (8 ps).
Fila 20: pr 4 mutf, 4 mupr.
Fila 21: tpd 1 mupr, aum mupr, tpd 2 mupr, tpd 2 mutf, aum mutf, tpd 1 mutf (10 ps).
Fila 22: pr 5 mutf, pr 5 mupr.
Fila 23: tpd 1 mupr, aum mupr, tpd 3 mupr, tpd 3 mutf, aum mutf, tpd 1 mutf (12 ps).
Fila 24: pr 6 mutf, 6 mupr.
Fila 25: tpd 1 mupr, aum mupr, tpd 4 mupr, tpd 4 mutf, aum mutf, tpd 1 mutf (14 ps).
Fila 26: pr 7 mutf, [pr2j mupr] 3 veces, pr 1 mupr (sujetar 11 ps en la aguja suelta para el lado derecho del cuerpo).

Pata trasera izquierda

Con mutf, montar 6 ps.
Añadir mupr.
Fila 1: tpd 3 mutf, tpd 3 mupr.
Fila 2: pr 3 mupr, pr 3 mutf.
Rp filas 1-2 8 veces más.
Fila 19: tpd 1 mutf, aum mutf, tpd 1 mutf, tpd 1 mupr, aum mupr, tpd 1 mupr (8 ps).
Fila 20: pr 4 mupr, pr 4 mutf.
Fila 21: tpd 1 mutf, aum mutf, tpd 2 mutf, tpd 2 mupr, aum mupr, tpd 1 mupr (10 ps).
Fila 22: pr 5 mupr, pr 5 mutf.
Fila 23: tpd 1 mutf, aum mutf, tpd 3 mutf, tpd 3 mupr, aum mupr, tpd 1 mupr (12 ps).
Fila 24: pr 6 mupr, pr 6 mutf.
Fila 25: tpd 1 mutf, aum mutf, tpd 4 mutf, tpd 4 mupr, aum mupr, tpd 1 mupr (14 ps).
Fila 26: pr 1 mupr, [pr2j mupr] 3 veces, pr 7 mutf (sujetar 11 ps en la aguja suelta para el lado izquierdo del cuerpo).

Barriga

Con mupr, montar 6 ps.
Emp con una fila en tpd, trabajar 4 filas en pj.
Fila 5: tpd 6, tpd 4 mupr en la aguja suelta para la pata trasera derecha.
Fila 6: pr 10, pr 4 mupr en la aguja suelta para la pata trasera izquierda (14 ps).
(Los 7 ps restantes en cada aguja suelta son para la cola y la espalda).
Trabajar 4 filas en pj.
Fila 11: tpd 3, tpd2j, tpd 4, tpd2j, tpd 3 (12 ps).
Trabajar 17 filas en pj.
Fila 29: tpd 1, rematar 3 ps, tpd 4 inclpm, rematar 3 ps, tpd hasta el final.
Fila 30: pr 1, montar 3 ps, pr 4, montar 3 ps, pr 1.
(En las filas 29 y 30 se crean agujeros para las pezuñas delanteras).
Trabajar 8 filas en pj.
Fila 39: tpd 1, tpd2j, tpd 6, tpd2j, tpd 1 (10 ps).
Fila 40: pr 1, pr2j, pr 4, pr2j, pr 1 (8 ps).
Fila 41: tpd 1, tpd2j, tpd 2, tpd2j, tpd 1 (6 ps).
Fila 42: pr 1, [pr2j] 2 veces, pr 1 (4 ps).
Trabajar 4 filas en pj.
Fila 47: tpd 1, [aum] 2 veces, tpd 1 (6 ps).
Fila 48: pr 1, aum, pr 2, aum, pr 1 (8 ps).
Trabajar 8 filas en pj.
Fila 57: tpd 2, tpd2j, tpd2j, tpd 2 (6 ps).
Fila 58: punto revés.
Fila 59: tpd 2, tpd2j, tpd 2 (5 ps).
Fila 60: punto revés.
Fila 61: tpd2j, tpd 1, tpd2j (3 ps).
Fila 62: pr3j y atar.

Pezuñas delanteras

(Tejer 2 iguales)
Con mupr y con los LD juntos, sujetando la barriga del revés, recoger y tpd 5 ps desde el extremo superior de los agujeros rematados, emp bucle a la derecha del agujero y terminar a la izquierda del agujero.
Trabajar 13 filas en pj.
Fila 14: tpd2j, tpd 1, tpd2j (3 ps).
Fila 15: pr2j, pr 1 (2 ps).
Fila 16: tpd2j y atar.

Cabeza

El suricato lleva un limpiapipas en el
cuello, lo que permite girarle la cabeza.

Cola y espalda

Con mutf, montar 1 p.
Emp con una fila en tpd, trabajar 2 filas en pj.
Fila 3: aum (2 ps).
Fila 4: punto revés.
Fila 5: aum, tpd 1 (3 ps).
Fila 6: punto revés.
Fila 7: tpd 1, aum, tpd 1 (4 ps).
Fila 8: punto revés.
Fila 9: tpd 1, [aum] 2 veces, tpd 1 (6 ps).
Fila 10: punto revés.
Trabajar 20 filas en pj.
Fila 31: tpd 1, aum, tpd 1 (8 ps)
Trabajar 13 filas en pj.
Fila 45: tpd 8, montar 1 p, con los LD juntos tpd 7 mutf con la aguja suelta para la pata trasera izquierda (16 ps).
Fila 46: pr 16, montar 1 p, con los LR juntos pr 7 mutf con la aguja suelta para la pata trasera derecha (24 ps).
Fila 47: tpd 11, tpd2j, tpd 11 (23 ps).
Trabajar 5 filas en pj.
Fila 53: tpd 7, tpd2j, tpd 5, tpd2j, tpd 7 (21 ps).
Trabajar 3 filas en pj.
Fila 57: tpd 6, tpd2j, tpd 5, tpd2j, tpd 6 (19 ps).
Trabajar 7 filas en pj.
Fila 65: tpd 5, tpd2j, tpd 5, tpd2j, tpd 5 (17 ps).
Trabajar 15 filas en pj.
Fila 81: tpd 1, tpd2j, tpd 11, tpd2j, tpd 1 (15 ps).
Fila 82: pr 1, pr2j, pr 9, pr2j, pr 1 (13 ps).
Fila 83: tpd 1, tpd2j, tpd 7, tpd2j, tpd 1 (11 ps).
Fila 84: pr 1, pr2j, pr 5, pr2j, pr 1 (9 ps).
Fila 85: tpd 1, tpd2j, tpd3, tpd2j, tpd 1 (7 ps).
Fila 86: pr 1, pr2j, pr 1, pr2j, pr 1 (5 ps).
Trabajar 4 filas en pj.
Fila 91: [aum] 5 veces (10 ps).
Fila 92: punto revés.
Fila 93: tpd 1, aum, tpd 6, aum, tpd 1 (12 ps).
Fila 94: punto revés.
Fila 95: tpd 1, aum, tpd 8, aum, tpd 1 (14 ps).
Fila 96: punto revés.
Fila 97: tpd 10, enrollar y girar (dejar 4 ps sin trabajar en la aguja izquierda).
Fila 98: trabajar solamente 6 ps en el centro de la parte superior de la cabeza, pr 6, eyg.

Fila 99: tpd 6, eyg.
Fila 100: pr 6, eyg.
Fila 101: tpd 6, eyg.
Fila 102: pr 6, eyg.
Fila 103: tpd 10 (14 ps en total).
Fila 104: punto revés.
Añadir bl.
Fila 105: tpd 2 mutf, tpd2j mutf, tpd 2 bl, tpd 2 mutf, tpd 2 bl, tpd2j mutf, tpd 2 mutf (12 ps).
Fila 106: pr 3 mutf, pr 2 bl, pr 2 mutf, pr 2 bl, pr 2 mutf.
Fila 107: tpd 2 mutf, tpd2j mutf, tpd 1 bl, tpd 2 mutf, tpd 1 bl, tpd2j mutf, tpd 2 mutf (10 ps).
Cont con mutf.
Fila 108: punto revés.
Fila 109: tpd 2, tpd2j, tpd 2, tpd2j, tpd 2 (8 ps).
Fila 110: punto revés.
Fila 111: tpd 2, [tpd2j] 2 veces, tpd 2 (6 ps).

Cola

La cola del suricato actúa como una pata extra que ayuda a mantenerlo erguido.

Fila 112: punto revés.
Cont con bl.
Fila 113: tpd 1, [tpd2j] 2 veces, tpd 1 (4 ps).
Fila 114: [pr2j] 2 veces (2 ps).
Fila 115: tpd2j y atar.

Oreja

(Tejer 2 iguales)
Con 2 cabos de bl, montar 3 ps.
Tejer 1 fila en punto derecho.
Rematar.

Acabados

COSER LOS EXTREMOS Deje los extremos de la fila montada y las filas rematadas para coserlos.

CUERPO Introduzca el limpiapipas en la espalda del cuello, doble los extremos y deje aproximadamente 8 cm. Con los LR juntos, empezando por el hocico, una mediante costura las dos partes de la cabeza y baje por la costura lateral, dejando un hueco de 2,5 cm a un lado. Rellene con firmeza. Resulta más sencillo rellenar la cabeza antes de coser el cuello. No rellene la cabeza en exceso, ya que se supone que es bastante delicada. Dele forma y rellene el cuerpo con firmeza.

PATAS DELANTERAS Doble un limpiapipas en forma de U y compare la medida con las patas delanteras. Corte de manera que coincidan, pero dejando 2,5 cm de más en ambos extremos. Doble esos extremos para impedir que el limpiapipas se salga por las pezuñas y cosa estas por fuera en torno al limpiapipas. Cosa los huecos que quedan debajo de las pezuñas y dóblelas según la forma deseada.

PATAS TRASERAS Cosa por los LD. Corte un limpiapipas que se ajuste (como se indica para las patas delanteras). Enrolle un poco de relleno en torno al limpiapipas e introdúzcalo en las patas traseras. Cosa entre las patas. Rellene las patas con firmeza y dóblelas con su forma definitiva.

COLA Doble el extremo del limpiapipas e introdúzcalo en la cola (aproximadamente 2,5 cm desde la punta de la cola). Introduzca el otro extremo en el cuerpo y cosa la cola alrededor del limpiapipas. Si puede, enrolle con un poco de relleno el extremo del limpiapipas de la cola lo más cerca posible del cuerpo; contribuirá a que el suricato se mantenga erguido.

OREJAS Cosa la fila montada de las orejas a la cabeza 5 filas hacia atrás desde la parte superior de bl para los ojos, con 4,5 filas entre las orejas.

OJOS Cosa las cuentas negras sobre las manchas tejidas con bl.

Elefante

El elefante es el mamífero terrestre más grande
del planeta. El nuestro es un elefante africano,
que se distingue del indio por sus orejas, más
grandes (se dice que tienen la misma forma que el
continente africano). La trompa, compuesta de unos
40 000 músculos, sirve para oler, respirar, bramar,
beber, arrancar y agarrar. Los elefantes tienen un
cerebro enorme; se dice que cuentan con la capacidad
de sentir tristeza, alegría, amor, celos, ira, pena,
compasión y angustia.

Elefante

Resulta bastante sencillo
de tejer y luce espléndido
una vez terminado.

Medidas
Longitud (incluyendo la trompa): 30 cm.
Altura hasta la parte superior de la cabeza: 23 cm.

Materiales
- Un par de agujas de tejer de 3 ¼ mm
- Agujas de tejer de doble punta (para sujetar los puntos) de 3 ¼ mm
- 100 g de Rowan Pure Wool Aran en Charcoal 684 (ch)
- 5 g de Rowan Creative Worsted en Natural 100 (na)
- Una pequeña cantidad de Rowan Pure Wool de 4 dobleces en Black 404 (bl) para los ojos
- 5 limpiapipas para las patas y la trompa

Abreviaturas
Véase pág. 172.
Véase pág. 172, Enrollar y girar.

Pata delantera derecha
Con ch, montar 16 ps.
Añadir na.
Fila 1: tpd 5 ch, tpd 2 na, tpd 2 ch, tpd 2 na, tpd 2 ch, tpd 2 na, tpd 1 ch.
Fila 2: pr 1 ch, pr 2 na, pr 2 ch, pr 2 na, pr 2 ch, pr 2 na, pr 5 ch.
Cont con ch.
Trabajar 2 filas en pj.
Fila 5: tpd 7, tpd2j, tpd 7 (15 ps).
Trabajar 21 filas en pj.

Fila 27: rematar 7 ps, tpd hasta el final (sujetar 8 ps en la aguja suelta para el lado derecho del cuerpo).

Pata delantera izquierda
Con ch, montar 16 ps.
Añadir na.
Fila 1: tpd 1 ch, tpd 2 na, tpd 2 ch, tpd 2 na, tpd 2 ch, tpd 2 na, tpd 5 ch.
Fila 2: pr 5 ch, pr 2 na, pr 2 ch, pr 2 na, pr 2 ch, pr 2 na, pr 1 ch.
Cont con ch.
Trabajar 2 filas en pj.
Fila 5: tpd 7, tpd2j, tpd 7 (15 ps).
Trabajar 21 filas en pj.
Fila 27: tpd 8, rematar 7 ps (sujetar 8 ps en la aguja suelta para el lado izquierdo del cuerpo).

Pata trasera derecha
Con ch, montar 16 ps.
Añadir na.
Fila 1: tpd 5 ch, tpd 2 na, tpd 2 ch, tpd 2 na, tpd 2 ch, tpd 2 na, tpd 1 ch.
Fila 2: pr 1 ch, pr 2 na, pr 2 ch, pr 2 na, pr 2 ch, pr 2 na, pr 5 ch.
Cont con ch.
Trabajar 2 filas en pj.
Fila 5: tpd 7, tpd2j, tpd 7 (15 ps).
*Trabajar 13 filas en pj.
Fila 19: tpd 1, aum, tpd 11, aum, tpd 1 (17 ps).
Trabajar 3 filas en pj.
Fila 23: tpd 1, aum, tpd 13, aum, tpd 1 (19 ps).
Trabajar 3 filas en pj.
Fila 27: tpd 1, aum, tpd 15, aum, tpd 1 (21 ps).
Trabajar 3 filas en pj.*
Fila 31: rematar 10 ps, tpd hasta el final (sujetar 11 ps en la aguja suelta para el lado derecho del cuerpo).

Pata trasera izquierda
Con ch, montar 16 ps.
Añadir na.
Fila 1: tpd 1 ch, tpd 2 na, tpd 2 ch, tpd 2 na, tpd 2 ch, tpd 2 na, tpd 5 ch.

Patas
Asegúrese de rellenar
bien las patas.

Fila 2: pr 5 ch, pr 2 na, pr 2 ch, pr 2 na, pr 2 ch, pr 2 na, pr 1 ch.
Cont con ch.
Trabajar 2 filas en pj.
Fila 5: tpd 7, tpd2j, tpd 7 (15 ps).
Tejer como la pata trasera derecha desde * hasta *.
Fila 31: tpd 11, rematar 10 ps (sujetar 11 ps en la aguja suelta para el lado izquierdo del cuerpo).

Lado derecho del cuerpo

Con ch, montar 12 ps.
Fila 1: aum, tpd 10, aum (14 ps).
Fila 2: aum, pr 12, aum (16 ps).
Fila 3: aum, tpd 14, aum (18 ps).
Fila 4: punto revés.
Fila 5: con los LD juntos, tpd 8 con la aguja suelta para la pata delantera derecha, tpd 18, con los LD juntos tpd 11 con la aguja suelta para la pata trasera derecha (37 ps).
Fila 6: pr 36, aum (38 ps).
Trabajar 10 filas en pj.
Fila 17: tpd 36, tpd2j (37 ps).
Trabajar 3 filas en pj.
Fila 21: tpd 35, tpd2j (36 ps).
Fila 22: punto revés.
Fila 23: tpd 34, tpd2j (35 ps).
Fila 24: rematar 4 ps, pr hasta el final (31 ps).
Fila 25: tpd 29, tpd2j (30 ps).
Fila 26: rematar 4 ps, pr hasta el final (26 ps).
Fila 27: tpd 24, tpd2j (25 ps).
Fila 28: rematar 12 ps, pr hasta el final (sujetar 13 ps en la aguja suelta para el cuello).

Lado izquierdo del cuerpo

Con ch, montar 12 ps.
Fila 1: aum, pr 10, aum (14 ps).
Fila 2: aum, tpd 12, aum (16 ps).
Fila 3: aum, pr 14, aum (18 ps).
Fila 4: punto derecho.
Fila 5: con los LR juntos, pr 8 con la aguja suelta para la pata delantera izquierda, pr 18, con los LR juntos pr 11 con la aguja suelta para la pata trasera izquierda (37 ps).

Fila 6: tpd 36, aum (38 ps).
Trabajar 10 filas en pj.
Fila 17: pr 36, pr2j (37 ps).
Trabajar 3 filas en pj.
Fila 21: pr 35, pr2j (36 ps).
Fila 22: punto derecho.
Fila 23: pr 34, pr2j (35 ps).
Fila 24: rematar 4 ps, tpd hasta el final (31 ps).
Fila 25: pr 29, pr2j (30 ps).
Fila 26: rematar 4 ps, tpd hasta el final (31 ps).
Fila 27: pr 24, pr2j (25 ps).
Fila 28: rematar 12 ps, tpd hasta el final (sujetar 13 ps en la aguja suelta para el cuello).

Cuello y cabeza

Fila 1: con ch y los LD juntos, tpd 13 con la aguja suelta para el lado derecho del cuerpo, tpd 13 con la aguja suelta para el lado izquierdo del cuerpo (26 ps).
Fila 2: pr2j, pr 22, pr2j (24 ps).
Trabajar 2 filas en pj.
Fila 5: tpd2j, tpd 20, tpd2j (22 ps).
Fila 6: punto revés.
Fila 7: tpd 18, enrollar y girar (dejar 4 ps sin trabajar en la aguja izquierda).
Fila 8: trabajar en el centro de la parte superior de la cabeza 14 ps, pr 14, eyg.
Fila 9: tpd 14, eyg.
Fila 10: pr 14, eyg.
Fila 11: tpd 13, eyg.
Fila 12: pr 12, eyg.
Fila 13: tpd 11, eyg.
Fila 14: pr 10, eyg.
Fila 15: tpd 9, eyg.
Fila 16: pr 8, eyg.
Fila 17: tpd 9, eyg.
Fila 18: pr 10, eyg.
Fila 19: tpd 11, eyg.
Fila 20: pr 12, eyg.
Fila 21: tpd 13, eyg.
Fila 22: pr 14, eyg.
Fila 23: tpd 18 (22 ps en total).

Fila 24: pr 1, pr2j, pr 1, pr2j, pr 10, pr2j, pr 1, pr2j, pr 1 (18 ps).
Trabajar 2 filas en pj.
Fila 27: tpd 1, tpd2j, tpd 1, tpd2j, tpd 6, tpd2j, tpd 1, tpd2j, tpd 1 (14 ps).
Trabajar 9 filas en pj.
Fila 37: tpd 1, tpd2j, tpd 8, tpd2j, tpd 1 (12 ps).
Fila 38: pr 4, tpd 4, pr 4.
Trabajar 5 filas en pj.
Fila 44: pr 4, tpd 4, pr 4.
Fila 45: tpd 1, tpd2j, tpd 6, tpd2j, tpd 1 (10 ps).
Trabajar 4 filas en pj.
Fila 50: pr 3, tpd 4, pr 3.
Trabajar 4 filas en pj.
Fila 55: tpd 1, tpd2j, tpd 4, tpd2j, tpd 1 (8 ps).
Fila 56: pr 2, tpd 4, pr 2.
Trabajar 5 filas en pj.
Fila 62: pr 3, tpd 2, pr 3.
Trabajar 6 filas en pj.
Fila 69: tpd 1, tpd2j, tpd 2, tpd2j, tpd 1 (6 ps).
Trabajar 10 filas.
Fila 80: pr2j, pr 2, pr2j (4 ps).
Fila 81: [tpd2j] 2 veces (2 ps).
Fila 82: pr2j y atar.

Cola

El pequeño penacho al final de la cola
se consigue desenrollando el hilo.

Barriga

Con ch, montar 8 ps.
Emp con una fila en tpd, trabajar 98 filas en pj.
Fila 99: tpd2j, tpd 4, tpd2j (6 ps).
Trabajar 21 filas en pj.
Fila 121: tpd2j, tpd 2, tpd2j (4 ps).
Trabajar 15 filas en pj.
Fila 137: [tpd2j] 2 veces (2 ps).
Trabajar 5 filas en pj.
Fila 143: tpd2j y atar.

Oreja

(Tejer 2 iguales)
Con ch, montar 16 ps.
Trabajar 4 filas en p musgo.
Fila 5: aum, p musgo hasta el final (17 ps).
Fila 6: rematar 3 ps, p musgo hasta el final (14 ps).
Fila 7: aum, p musgo hasta el final (15 ps).
Fila 8: p musgo.
Fila 9: aum, p musgo hasta el final (16 ps).
Fila 10: p musgo.
Fila 11: aum, p musgo hasta el final (17 ps).
Fila 12: p musgo.
Fila 13: aum, p musgo hasta el final, aum (19 ps).
Fila 14: p musgo.
Fila 15: tpd2j, p musgo hasta el final (18 ps).

Fila 16: p musgo.
Fila 17: tpd2j, p musgo hasta el final (17 ps).
Fila 18: tpd2j, p musgo hasta el final (16 ps).
Fila 19: tpd2j, p musgo hasta el final (15 ps).
Fila 20: p musgo.
Fila 21: rematar 4 ps, p musgo hasta el final
(11 ps).
Fila 22: p musgo.
Fila 23: rematar 4 ps, p musgo hasta el final
(7 ps).
Rematar 7 ps.

Cola

Con ch, montar 5 ps.
Emp con una fila en tpd, trabajar 3 filas en pj.
Fila 4: pr2j, pr 1, pr2j (3 ps).
Trabajar 10 filas en pj.
Fila 15: tpd2j, tpd 1 (2 ps).
Trabajar 10 filas en pj.
Fila 26: pr2j y atar.
Cortar 2,5 cm de hilo y desenrollarlo para formar
un pequeño penacho al final de la cola.

Colmillos

(Tejer 2 iguales)
Con na, montar 3 ps.
Emp con una fila en tpd, trabajar 16 filas en pj.
Fila 17: tpd2j, tpd 1 (2 ps).
Fila 18: punto revés.
Fila 19: tpd2j y atar.

Acabados

COSER LOS EXTREMOS Deje los extremos de
la fila montada y las filas rematadas para coserlos.
CUERPO Cosa siguiendo el lomo hasta llegar a los
cuartos traseros.
BARRIGA Y CARA INTERNA DE LA TROMPA
Cosa la fila montada de la barriga a la parte
inferior de los cuartos traseros (donde empiezan
las patas); la fila rematada se coserá al extremo
de la trompa. Mida un limpiapipas con la trompa
y doble los extremos para evitar que asome
a través del punto. Enrolle un poco de relleno
alrededor del limpiapipas y cosa la trompa;

posteriormente, dele la forma deseada. Afloje
y cosa la barriga de manera que se ajuste al
cuerpo. Deje un hueco de 2,5 cm entre las patas
delanteras y traseras, a un lado.

PATAS Con los LR juntos, doble cada pata por
la mitad y cosa por el LD. Los limpiapipas sirven
para dar rigidez a las patas y doblarlas según
la forma deseada. Junte dos limpiapipas
enrollándolos por los extremos. Doble 2,5 cm
de cada extremo para impedir que el limpiapipas
se salga por las pezuñas. Enrolle un poco de
relleno alrededor de los limpiapipas unidos
e introdúzcalos en el cuerpo de manera que
cada extremo baje hasta cada una de las patas
delanteras. Repita con el segundo limpiapipas
y las patas traseras.

RELLENO Rellene el cuerpo con firmeza
empezando por la trompa y cosa el hueco
cuando termine.

COLA No es necesario coser la cola para cerrarla,
ya que se forma de manera natural. Cosa la cola
en la parte superior del trasero del elefante.
Si es necesario, sujétela al cuerpo con una
puntada (aproximadamente, a 2 cm del punto
donde empieza).

OREJAS Sujete la fila montada de cada oreja
a un lado de la cabeza, aproximadamente a 2 cm
de la parte superior de la misma. Deje 8 ps entre
las orejas. Empiece a coserlas por la parte superior,
ligeramente en ángulo, hacia la trompa y siguiendo
la costura de la barriga.

COLMILLOS No es necesario coser los bordes
de los colmillos para cerrarlos; como la cola,
se curvarán hacia dentro de forma natural.
Cósalos a los lados de la trompa de manera
que queden hacia arriba, como se observa
en la fotografía.

OJOS Con bl, cosa nudos franceses de 3 bucles
situados como se observa en la fotografía, con
4 ps de separación entre ellos.

Jirafa

La jirafa parece vulnerable, pero está perfectamente diseñada para la supervivencia: no solo es el animal terrestre más alto del mundo, sino que posee su propio método de camuflaje (la piel), es capaz de galopar más rápido que un caballo, solo necesita unas horas de sueño y puede golpear a sus depredadores hasta matarlos. La jirafa posee una lengua rasposa de color entre azul y morado, de 60 cm de longitud; sus diminutos cuernos se llaman osiconos. Dan a luz erguidas sobre sus cuatro patas (de hecho, casi nunca se echan), y las crías soportan una caída de aproximadamente 2 m al nacer.

Jirafa

La jirafa resulta bastante complicada de tejer, ya que requiere varias técnicas. No obstante, el esfuerzo merece la pena.

Medidas

Longitud (del pecho a la cola): 13 cm.
Altura hasta la parte superior de la cabeza: 32 cm.

Materiales

- Un par de agujas de tejer de 3 ¼ mm
- Agujas de tejer de doble punta (para sujetar los puntos) de 3 ¼ mm
- 10 g de Rowan Creative Focus Worsted en Espresso 410 (es)
- 30 g de Rowan Kid Classic en Mellow 877 (ml)
- 20 g de Rowan Creative Focus Worsted en Golden Heather 018 (gh)
- Una pequeña cantidad de Rowan Pure Wool de 4 dobleces en Black 404 (bl) para los ojos y las fosas nasales (o utilizar es)
- 9 limpiapipas para las patas y los cuernos
- Aguja de ganchillo para los penachos

Abreviaturas

Véase pág. 172.
Véase pág. 172, Tejer con diferentes colores.
Véase pág. 172, Enrollar y girar.

Pata trasera derecha

Con es, montar 10 ps.
Fila 1: punto derecho.
Fila 2: pr2j, pr 6, pr2j (8 ps).
Fila 3: tpd2j, tpd 4, tpd2j (6 ps).
Añadir ml.
Trabajar 17 filas en pj.
Fila 21: aum, tpd 4, aum (8 ps).
Fila 22: punto revés.

Fila 23: aum, tpd 6, aum (10 ps).
Fila 24: punto revés.
Añadir gh.
Fila 25: aum ml, tpd 6 ml, tpd 2 gh, aum ml (12 ps).
Fila 26: pr 2 ml, pr 2 gh, pr 1 ml, pr 1 gh, pr 3 ml.
Fila 27: aum ml, tpd 4 ml, tpd 2 gh, tpd 4 ml, aum ml (14 ps).
Fila 28: pr 10 ml, pr 2 gh, pr 2 ml.
Fila 29: aum ml, tpd 1 ml, tpd 3 gh, tpd 2 ml, tpd 2 ml, tpd 2 gh, tpd 4 ml, aum ml (16 ps).
Fila 30: pr 1 ml, pr 3 gh, pr 1 ml, pr 3 gh, pr 2 ml, pr 3 gh, pr 3 ml.
Fila 31: aum ml, tpd 7 ml, tpd 3 gh, tpd 1 ml, tpd 3 gh, aum ml (18 ps).
Fila 32: pr 2 ml, tpd 2 gh, pr 2 ml, pr 3 gh, pr 1 ml, pr 2 gh, pr 6 ml.
Fila 33: aum ml, tpd 2 gh, tpd 1 ml, tpd 4 gh, tpd 6 ml, tpd 3 gh, aum ml (20 ps).
Fila 34: pr 2 ml, pr 3 gh, pr 1 ml, pr 4 gh, pr 1 ml, pr 4 gh, pr 1 ml, pr 3 gh, pr 1 ml.
Fila 35: aum ml, tpd 3 gh, tpd 1 ml, tpd 4 gh, tpd 5 ml, aum ml (22 ps).
Cont con ml.
Fila 36: punto revés.*
Fila 37: rematar 11 ps, tpd hasta el final (sujetar 11 ps en la aguja suelta para el lado derecho del cuerpo).

Pata trasera izquierda

Tejer como la pata trasera derecha hasta *.
Fila 37: tpd 11, rematar 11 ps (sujetar 11 ps en la aguja suelta para el lado izquierdo del cuerpo).

Pata delantera derecha

Con es, montar 10 ps.
Fila 1: punto derecho.
Fila 2: pr2j, pr 6, pr2j (8 ps).
Fila 3: tpd2j, tpd 4, tpd2j (6 ps).
Cont con ml.
Trabajar 17 filas en pj.
Fila 21: aum, tpd 4, aum (8 ps).
Fila 22: punto revés.
Fila 23: tpd2j, tpd 4, tpd2j (6 ps).
Fila 24: punto revés.
Añadir gh.
Fila 25: tpd 1 ml, tpd 2 gh, tpd 3 ml.

Fila 26: pr 4 ml, pr 1 gh, pr 1 ml.
Fila 27: tpd 4 ml, tpd 2 gh.
Fila 28: pr 2 gh, pr 4 ml.
Fila 29: tpd 4 ml, tpd 1 gh, tpd 1 ml.
Fila 30: pr 6 ml.
Fila 31: aum ml, tpd 1 ml, tpd 2 gh, tpd 1 ml, aum ml (8 ps).
Fila 32: pr 3 ml, pr 2 gh, pr 3 ml.
Fila 33: tpd 2 ml, tpd 3 gh, tpd 3 ml.
Fila 34: pr 8 ml.
Fila 35: aum ml, tpd 5 ml, tpd 1 gh, aum gh (10 ps).
Fila 36: pr 3 gh, pr 3 ml, pr 3 gh, pr 1 ml.
Fila 37: aum ml, tpd 3 gh, tpd 3 ml, tpd 2 gh, aum gh (12 ps).
Fila 38: pr 12 ml.
Fila 39: tpd 6 ml, tpd 2 gh, tpd 4 ml.
Fila 40: pr 5 ml, pr 1 gh, pr 6 ml.**
Cont con ml.
Fila 41: rematar 6 ps, tpd hasta el final (sujetar 6 ps en la aguja suelta para el lado derecho del cuerpo).

Pata delantera izquierda

Tejer como la pata delantera derecha hasta **.
Cont con ml.
Fila 41: tpd 6, rematar 6 ps (sujetar 6 ps en la aguja suelta para el lado izquierdo del cuerpo).

Lado derecho del cuerpo

Con ml, montar 10 ps.
Fila 1: punto derecho.
Fila 2: aum, pr 8, aum, pr 6 con la aguja suelta para la pata delantera derecha (18 ps).
Añadir gh.
Fila 3: tpd 2 ml, tpd 3 gh, tpd 13 ml, montar 2 ps ml, tpd 4 ml, tpd 3 gh, tpd 4 ml en los ps de la aguja suelta para la pata trasera derecha (31 ps).
Fila 4: pr 3 ml, pr 5 ml, pr 3 ml, pr 3 gh, pr 5 ml, pr 2 gh, pr 4 ml, pr 4 gh, pr 2 ml.
Fila 5: aum ml, tpd 1 ml, tpd 4 gh, tpd 4 ml, tpd 3 gh, tpd 3 ml, tpd 5 gh, tpd 2 ml, tpd 6 gh, tpd2j gh.
Fila 6: pr 7 gh, pr 2 ml, pr 6 gh, pr 3 ml, pr 3 gh, pr 2 ml, pr 6 gh, pr 2 ml.
Fila 7: tpd 1 ml, tpd 7 gh, tpd 2 ml, tpd 2 gh, tpd 4 ml, tpd 6 gh, tpd 3 ml, tpd 4 gh, tpd2j gh (30 ps).
Fila 8: pr 4 gh, pr 5 ml, pr 4 gh, pr 10 ml, pr 5 gh, pr 2 ml.

Fila 9: aum ml, tpd 1 ml, tpd 4 gh, tpd 11 ml, tpd 4 gh, tpd 6 ml, tpd 3 gh (31 ps).

Fila 10: pr 3 gh, pr 1 m, pr 3 gh, pr 2 ml, pr 4 gh, pr 1 ml, pr 5 gh, pr 1 ml, pr 3 gh, pr 1 ml, pr 3 gh, pr 4 ml.

Fila 11: tpd 8 ml, tpd 3 gh, tpd 2 ml, tpd 3 gh, tpd 3 ml, tpd 3 gh, tpd 2 ml, tpd 3 gh, tpd 1 ml, tpd 1 gh, tpd2j (30 ps).

Fila 12: pr 3 ml, pr 4 gh, r 2 ml, pr 4 gh, pr 2 ml, pr 4 gh, pr 1 ml, pr 5 gh, pr 6 ml.

Fila 13: tpd 5 ml, tpd 6 gh, tpd 1 ml, tpd 4 gh, tpd 3 ml, tpd 3 gh, tpd 2 ml, tpd 4 gh, tpd2j ml (29 ps).

Fila 14: pr 5 gh, pr 8 ml, pr 4 gh, pr 2 ml, pr 6 gh, pr 4 ml.

Fila 15: aum ml, tpd 2 ml, tpd 7 gh, tpd 3 ml, tpd 3 gh, tpd 9 ml, tpd 2 gh, tpd2j gh.

Fila 16: rematar 5 ps ml, pr 3 ml inclpm, pr 2 ml, pr 2 ml, pr 3 gh, pr 3 ml, pr 7 gh, pr 4 ml (24 ps).

Fila 17: tpd 3 gh, tpd 3 ml, tpd 5 gh, tpd 8 ml, tpd 3 gh, tpd2j ml (23 ps).

Fila 18: rematar 5 ps l, pr 8 ml inclpm, pr 3 gh, pr 3 ml, pr 4 gh (18 ps).

Fila 19: aum gh, tpd 3 gh, tpd 8 ml, tpd 4 gh, tpd2j gh.

Fila 20: rematar 5 ps ml, pr 8 ml inclpm, pr 5 gh (13 ps).

Fila 21: tpd 5 gh, tpd 1 ml, tpd 3 gh, tpd 2 ml, tpd2j ml (12 ps).

Fila 22: pr 2 ml, pr 4 gh, pr 2 ml, pr 4 gh.

Fila 23: aum gh, tpd 2 gh, tpd 3 ml, tpd 4 gh, tpd2j ml.

Fila 24: pr2j ml, pr 3 gh, pr 3 ml, pr 4 gh (11 ps).

Fila 25: tpd 4 gh, tpd 4 ml, tpd 3 gh.

Fila 26: pr2j gh, pr 1 gh, pr 8 ml (10 ps).

Fila 27: aum ml, tpd 7 ml, tpd2j ml.

Fila 28: pr 2 ml, pr 2 gh, pr 6 ml.

Fila 29: tpd 4 ml, tpd 4 gh, tpd 2 ml.

Fila 30: pr2j ml, pr 5 gh, pr 3 ml (9 ps).

Fila 31: aum ml, tpd 2 ml, tpd 4 gh, tpd2j ml.

Fila 32: pr 5 gh, pr 2 ml, pr 2 gh.

Fila 33: tpd 3 gh, tpd 2 ml, tpd 4 gh.

Fila 34: pr 4 gh, pr 2 ml, pr 3 gh.

Fila 35: tpd 3 gh, tpd 3 ml, tpd 3 gh.

Fila 36: pr2j gh, pr 1 gh, pr 4 ml, pr 2 gh (8 ps).

Fila 37: aum gh, tpd 1 gh, tpd 4 ml, tpd2j ml.

Fila 38: pr 2 ml, pr 2 gh, pr 4 ml.

Fila 39: tpd 3 ml, tpd 4 gh, tpd 1 ml.

Fila 40: pr 5 gh, pr 3 ml.

Fila 41: tpd 3 ml, tpd 5 gh.

Fila 42: pr2j gh, pr 2 gh, pr 4 ml (7 ps).

Fila 43: tpd 2 gh, tpd 5 ml.

Fila 44: pr 4 ml, pr 3 gh.

Fila 45: tpd 3 gh, tpd 4 ml.

Fila 46: pr2j ml, pr 2 ml, pr 2 gh, aum gh.

Fila 47: tpd 4 ml, tpd 2 gh, tpd 1 ml.

Fila 48: pr2j ml, pr 2 gh, pr 3 ml (6 ps).

Fila 49: tpd 2 ml, tpd 3 gh, tpd 1 m.

Manchas

Las manchas de la jirafa se tejen con los métodos intarsia y de la isla de Fair.

Fila 50: pr 1 ml, pr 3 gh, pr 2 ml (sujetar 6 ps en la aguja suelta para el cuello).

Lado izquierdo del cuerpo

Con ml, montar 10 ps.

Fila 1: punto revés.

Fila 2: aum, tpd 8, aum, tpd 6 con la aguja suelta para la pata delantera izquierda (18 ps). Añadir gh.

Fila 3: pr 2 ml, pr 3 gh, pr 13 ml, p st en 2 ml, pr 4 ml, pr 3 gh, pr 4 ml sobre los ps en la aguja suelta para la pata trasera izquierda (31 ps).

Fila 4: tpd 3 ml, tpd 5 gh, tpd 3 ml, tpd 3 gh, tpd 5 ml, tpd 2 gh, tpd 4 ml, tpd 4 gh, tpd 2 ml.

Fila 5: aum ml, pr 1 ml, pr 4 gh, pr 4 ml, pr 3 gh, pr 3 ml, pr 5 gh, pr 2 ml, pr 6 gh, pr2j gh.

Fila 6: tpd 7 gh, tpd 2 ml, tpd 6 gh, tpd 3 ml, tpd 3 gh, tpd 2 ml, tpd 6 gh, tpd 2 ml.

Fila 7: pr 1 ml, pr 7 gh, pr 2 ml, pr 2 gh, pr 4 ml, pr 6 gh, pr 3 ml, pr 4 gh, pr2j gh (30 ps).

Fila 8: tpd 4 gh, tpd 5 ml, tpd 4 gh, tpd 10 ml, tpd 5 gh, tpd 2 ml.

Fila 9: aum ml, pr 1 ml, pr 4 gh, pr 11 ml, pr 4 gh, pr 6 ml, pr 3 gh (31 ps).

Fila 10: tpd 3 gh, tpd 1 ml, tpd 3 gh, tpd 2 ml, tpd 4 gh, pr 1 ml, pr 5 gh, tpd 1 ml, tpd 3 gh, tpd 1 ml, tpd 3 gh, tpd 4 ml.

Fila 11: pr 8 ml, pr 3 gh, pr 2 ml, pr 3 gh, pr 3 ml, pr 3 gh, pr 2 ml, pr 3 gh, pr 1 ml, pr 1 gh, pr2j gh (30 ps).

Fila 12: tpd 2 ml, tpd 4 gh, tpd 2 ml, tpd 4 gh, tpd 2 ml, tpd 4 gh, tpd 1 ml, tpd 5 gh, tpd 6 ml.

Fila 13: pr 5 ml, pr 6 gh, pr 1 ml, pr 4 gh, pr 3 ml, pr 3 gh, pr 2 ml, pr 4 gh, pr2j ml (29 ps).

Fila 14: tpd 5 gh, tpd 8 ml, tpd 4 gh, tpd 2 ml, tpd 6 gh, tpd 4 ml.

Fila 15: aum ml, pr 2 ml, pr 7 gh, pr 3 ml, pr 3 ml, pr 3 gh, pr 9 ml, pr 2 gh, pr2j gh.

Fila 16: rematar 5 ps ml, tpd 3 ml inclpm, tpd 2 gh, tpd 2 ml, tpd 3 gh, tpd 3 ml, tpd 7 gh, tpd 4 ml (24 ps).

Fila 17: pr 3 ml, pr 8 gh, pr 8 ml, pr 3 gh, pr2j ml (23 ps).

Fila 18: rematar 5 ps ml, tpd 8 ml inclpm, tpd 3 gh, tpd 3 ml, tpd 4 gh (18 ps).

Fila 19: aum gh, pr 3 gh, pr 8 ml, pr 4 gh, pr2j gh.

Fila 20: rematar 5 ps ml, tpd 8 ml inclpm, tpd 5 gh (13 ps).
Fila 21: pr 5 gh, pr 1 ml, pr 3 gh, pr 2 ml, pr2j ml (12 ps).
Fila 22: tpd 2 ml, tpd 4 gh, tpd 2 ml, tpd 4 gh.
Fila 23: aum gh, pr 2 gh, pr 3 ml, pr 4 gh, pr2j ml.
Fila 24: tpd2j ml, tpd 3 gh, tpd 3 ml, tpd 4 gh (11 ps).
Fila 25: pr 4 gh, pr 4 ml, pr 3 gh.
Fila 26: tpd2j ml, tpd 1 gh, tpd 8 ml (10 ps).
Fila 27: aum ml, pr 7 ml, pr2j ml.
Fila 28: tpd 2 ml, tpd 2 gh, tpd 6 ml.
Fila 29: pr 4 ml, pr 4 gh, pr 2 ml.
Fila 30: tpd2j ml, tpd 5 gh, tpd 3 ml (9 ps).
Fila 31: aum ml, pr 2 ml, pr 4 gh, pr2j gh.
Fila 32: tpd 5 gh, tpd 2 ml, tpd 2 gh.
Fila 33: pr 3 gh, pr 2 ml, pr 4 gh.
Fila 34: tpd 4 gh, tpd 2 ml, tpd 3 gh.
Fila 35: pr 3 gh, pr 3 ml, tpd 3 gh.
Fila 36: tpd2j ml, tpd 1 gh, tpd 4 ml, tpd 2 gh (8 ps).
Fila 37: aum gh, pr 1 gh, pr 4 ml, pr2j ml.
Fila 38: tpd 2 ml, tpd 2 gh, tpd 4 ml.
Fila 39: pr 3 ml, pr 4 gh, pr 1 ml.
Fila 40: tpd 5 gh, tpd 3 ml.
Fila 41: pr 3 ml, pr 5 gh.
Fila 42: tpd2j gh, tpd 2 gh, tpd 4 ml (7 ps).
Fila 43: pr 2 gh, pr 5 ml.
Fila 44: tpd 4 ml, tpd 3 gh.
Fila 45: pr 3 gh, pr 4 ml.
Fila 46: tpd2j ml, tpd 2 ml, tpd 3 gh, aum gh.
Fila 47: pr 4 gh, pr 3 ml.
Fila 48: tpd2j ml, tpd 2 gh, tpd 3 ml (6 ps).
Fila 49: pr 2 ml, pr 3 gh, pr 1 ml.
Fila 50: tpd 1 ml, tpd 3 gh, tpd 2 ml (sujetar 6 ps en la aguja suelta para el cuello).

Cabeza

Con los LD juntos, tpd 3 ml, tpd 2 gh, tpd 1 ml con la aguja suelta para el lado derecho del cuerpo, tpd 1 ml, tpd 2 gh, tpd 3 ml con la aguja suelta para el lado izquierdo del cuerpo (12 ps).
Fila 2: pr 12 ml.
Fila 3: tpd 3 ml, tpd 6 gh, enrollar y girar (dejar 3 ps sin tejer en la aguja izquierda).

Fila 4: trabajar solamente 6 ps en el centro de la parte superior de la cabeza, pr 6 gh, eyg.
Fila 5: tpd 6 gh, eyg.
Fila 6: pr 6 gh, eyg.
Fila 7: tpd 5 gh, eyg.
Fila 8: pr 4 gh, eyg.
Fila 9: tpd 5 gh, eyg.
Fila 10: pr 6 gh, eyg.
Fila 11: tpd 6 gh, tpd 3 ml (12 ps en total).
Fila 12: aum ml, pr 2 ml, pr 6 gh, pr 2 ml, aum ml (14 ps).
Fila 13: tpd 6 ml, tpd 2 gh, tpd 6 ml.
Fila 14: pr 2 ml, pr 2 gh, pr 6 ml, pr 2 gh, pr 2 ml.
Fila 15: tpd2j ml, tpd 3 gh, tpd 4 ml, tpd 3 gh, tpd2j ml (12 ps).
Fila 16: pr 3 ml, pr 1 gh, pr 1 ml, pr 2 gh, pr 1 ml, pr 1 gh, pr 3 ml.
Fila 17: tpd2j ml, tpd 3 ml, tpd 2 gh, tpd 3 ml, tpd2j ml (10 ps).
Fila 18: pr2j ml, pr 1 ml, [pr2j gh] 2 veces, pr 1 ml, pr2j ml (6 ps).
Fila 19: tpd 2 ml, tpd 2 gh, tpd 2 ml.
Fila 20: pr 2 ml, pr 2 gh, pr 2 ml.
Cont con ml.
Fila 21: tpd 1, [tpd2j] 2 veces, tpd 1 (4 ps).
Fila 22: punto revés.
Fila 23: punto derecho.
Fila 24: punto revés.
Fila 25: punto derecho.
Fila 26: punto revés.
Fila 27: aum, tpd 2, aum (6 ps).
Fila 28: punto revés.
Fila 29: punto derecho.
Fila 30: punto revés.
Fila 31: aum, tpd 1, [aum] 2 veces, tpd 1, aum (10 ps).
Fila 32: punto revés.
Fila 33: punto derecho.
Fila 34: punto revés.
Fila 35: tpd2j, tpd 6, tpd 2 (8 ps).
Fila 36: pr2j, pr 4, pr2j (6 ps).
Fila 37: tpd2j, tpd 2, tpd2j (4 ps).
Fila 38: [pr2j] 2 veces (2 ps).
Fila 39: tpd2j y atar.

Barriga

Con ml, montar 2 ps.
Emp con una fila en tpd, trabajar 2 filas en pj.
Fila 3: [aum] 2 veces (4 ps).
Fila 4: punto revés.
Trabajar 6 filas en pj.
Fila 11: aum, tpd 2, aum (6 ps).
Trabajar 35 filas en pj.
Fila 47: tpd2j, tpd 2, tpd2j (4 ps).
Fila 48: punto revés.
Fila 49: [tpd2j] 2 veces (2 ps).
Fila 50: pr2j y atar.

Oreja

(Tejer 2 iguales)
Con ml, montar 3 ps.
Añadir gh.
Fila 1: tpd 1 ml, tpd 1 gh, tpd 1 ml.
Fila 2: pr 1 ml, pr 1 gh, pr 1 ml.
Fila 3: tpd 1 ml, tpd 1 gh, tpd 1 ml.
Fila 4: pr 3 ml.
Fila 5: tpd 3 ml.
Rematar 3 ps.

Acabados

COSER LOS EXTREMOS Deje los extremos de la fila montada y las filas rematadas para coserlos.
RELLENO Se utilizan limpiapipas para dar rigidez a las patas y doblarlas según la forma deseada. Junte dos y dóblelos con forma de U; utilice dos limpiapipas más para ampliar los primeros (enróllelos entre sí). Mida los limpiapipas comparándolos con las patas delanteras y deje 2,5 cm de más en cada extremo. Doble los extremos para impedir que los limpiapipas se salgan por el punto. Repita con los otros dos limpiapipas para las patas traseras.
PATAS Con los LR juntos, doble cada pata por la mitad. Dado que las patas son muy finas, resulta más sencillo coserlas en torno a los limpiapipas; probablemente no tendrá suficiente espacio para el relleno hasta que llegue al punto donde la pata comienza a ensancharse. Empiece por las pezuñas y cosa las patas por el LD con es para los cascos y ml para el resto. Si la jirafa no se aguanta de pie (resulta bastante difícil que quede estable), puede

introducir palitos para pinchos o agujas de tejer de bambú (cortadas a la medida) en las patas.

CABEZA Cosa la barbilla a la cabeza.

CUERPO Cosa los cuartos traseros, el lomo y el cuello por la cara interna. Gire los LD hacia fuera y rellene la jirafa empezando por la cabeza. No rellene en exceso la cabeza, ya que debe presentar un aspecto delicado; el resto de la jirafa sí debe rellenarse con firmeza, ya que así será más fácil que se mantenga de pie. Dé forma al cuerpo.

BARRIGA Sujete la fila rematada por detrás de las patas y la fila montada a aproximadamente 3 cm hacia arriba del punto donde comienza el pecho. Cosa la barriga al cuerpo dejando un hueco de 2,5 cm entre las patas delanteras y las traseras, a un lado, para introducir el relleno. Cuando termine, cosa el hueco.

COLA Con ml, realice un bucle de 8 cm de largo en el punto donde la espalda se encuentra con los cuartos traseros. Con el mismo hilo, y empezando en el extremo próximo al trasero, cubra completamente el bucle con puntada de ojal muy apretada. Cuando termine, pase el hilo a través de la cola y córtelo. Realice 3 bucles en el extremo libre con es y la aguja de ganchillo; utilice el método de los flecos de bufanda (*véase* pág. 173).

OREJAS Sujete las orejas donde la parte superior del cuello se encuentra con la cabeza, con los LD hacia delante y con 5 ps entre las orejas.

CRINES Con gh, la aguja de ganchillo y el método de los flecos de bufanda (*véase* pág. 173), pase 15 hebras dobles de hilo a través del centro de la parte superior del cuello para formar las crines. Corte el hilo según el largo deseado, pero no demasiado.

OJOS Con bl, cosa 3 puntadas satinadas para los ojos y 2 ps diminutos para las fosas nasales, en el extremo del hocico, con 2 ps de separación entre ellas.

OSICONOS (cuernos) Corte un limpiapipas de manera que tenga 6 cm de largo. Páselo por la parte superior de la cabeza dejando 3 ps de separación y doble los extremos que sobresalen dándoles forma de U. Envuélvalos con gh de manera que queden más gruesos en los extremos.

Panda

Con una sencilla dieta a base de bambú, el raro
y amenazado panda gigante vive en China. En la década
de 1970, China utilizó al panda como una herramienta
diplomática y regaló ejemplares a zoológicos
occidentales. Actualmente ya no existe esa práctica,
pero los chinos todavía prestan pandas. Chi Chi fue
una de las estrellas del zoo de Londres hasta su muerte,
en 1972, y fuente de inspiración para el logo de World
Wildlife Fund. El panda goza de tantas simpatías que
en la provincia de Sichuán, en China, se ha abierto
un hotel temático relacionado con este animal.

Panda

Se necesita abundante relleno para este voluminoso animal.

Medidas

Profundidad en la parte inferior (incluyendo las patas): 15 cm.
Altura hasta la parte superior de la cabeza: 18 cm.

Materiales

- Un par de agujas de tejer de 2 ¾ mm
- Agujas de tejer de doble punta (para sujetar los puntos) de 2 ¾ mm
- 15 g de Rowan Pure Wool de 4 dobleces en Black 404 (bl)
- 30 g de Rowan Pure Wool de 4 dobleces en Snow 412 (sn)
- 5 g de Rowan Fine Tweed en Richmond 381 (ri)
- 3 limpiapipas para las patas y el bambú
- Arroz o lentejas para el relleno
- 2 cuentas negras muy pequeñas para los ojos, aguja e hilo negro para coserlas

Abreviaturas

Véase pág. 172.
Véase pág. 172, Tejer con diferentes colores.
Véase pág. 172, Enrollar y girar.
Véase pág. 172, Filas cortas.
NOTA: este animal no tiene cola.

Pata trasera derecha

Con bl, montar 13 ps.
Emp con una fila en tpd, trabajar 2 filas en pj.
Fila 3: aum, tpd 3, tpd2j, tpd 1, tpd2j, tpd 3, aum (13 ps).

Fila 4: punto revés.
Rp filas 3-4 2 veces más.
Fila 9: tpd2j, tpd 9, tpd2j (11 ps).
Fila 10: punto revés.
Fila 11: aum, tpd 9, aum (13 ps).
Fila 12: punto revés.
Fila 13: tpd 5, aum, tpd 1, aum, tpd 5 (15 ps).
Fila 14: punto revés.*
Fila 15: tpd 6, aum, tpd 1, aum, tpd 3, aum, tpd 2 (18 ps).
Fila 16: punto revés.
Fila 17: tpd 14, aum, tpd 3 (19 ps).
Fila 18: punto revés.
Fila 19: tpd 7, aum, tpd 1, aum, tpd 4, aum, tpd 4 (22 ps).
Fila 20: punto revés.
Fila 21: tpd 16, aum, tpd 5 (23 ps).
Fila 22: punto revés.
Añadir sn.
Fila 23: tpd 4 sn, tpd 4 bl, aum bl, tpd 1 bl, aum bl, tpd 6 bl, aum bl, tpd 5 sn (26 ps).
Fila 24: pr 7 sn, pr 12 bl, pr 7 sn.
Fila 25: tpd 8 sn, aum sn, tpd 1 bl, aum bl, tpd 3 bl, tpd 4 sn, aum sn, tpd 6 sn (29 ps).
Fila 26: punto revés.
Fila 27: rematar 11 ps, tpd hasta el final (sujetar 18 ps en la aguja suelta para la espalda).

Pata trasera izquierda

Tejer como la pata trasera derecha hasta *.
Fila 15: tpd 2, aum, tpd 3, aum, tpd 1, aum, tpd 6 (18 ps).
Fila 16: punto revés.
Fila 17: tpd 3, aum, tpd 14 (19 ps).
Fila 18: punto revés.
Fila 19: tpd 4, aum, tpd 4, aum, tpd 1, aum, tpd 7 (22 ps).
Fila 20: punto revés.
Fila 21: tpd 5, aum, tpd 16 (23 ps).
Fila 22: punto revés.
Añadir sn.
Fila 23: tpd 5 sn, aum bl, tpd 6 bl, aum bl, tpd 1 bl, aum bl, tpd 4 bl, tpd 4 sn (26 ps).
Fila 24: pr 7 sn, pr 12 bl, pr 7 sn.

Ojos

El panda tiene unos ojos muy grandes y cuentas negras a modo de pupilas.

Fila 25: tpd 6 sn, aum sn, tpd 4 sn, tpd 3 bl, aum bl, tpd 1 bl, aum sn, tpd 9 sn (29 ps). Cont con sn.

Fila 26: punto revés.

Fila 27: tpd 18, rematar 11 ps (sujetar 18 ps en la aguja suelta para la espalda).

Espalda, patas delanteras y cabeza

Fila 1: con sn y los LR juntos, pr 18 con la aguja suelta para la pata trasera derecha, montar 16 ps, pr 18 con la aguja suelta para la pata trasera izquierda (52 ps).

Fila 2: punto derecho.

Fila 3: pr 50, enrollar y girar (dejar 2 ps sin trabajar en la aguja izquierda).

Fila 4: tpd 48, eyg.

Fila 5: pr 47, eyg.

Fila 6: pr 46, eyg.

Fila 7: pr 45, eyg.

Fila 8: tpd 44, eyg.

Fila 9: pr 43, eyg.

Fila 10: tpd 42, eyg.

Fila 11: pr 41, eyg.

Fila 12: tpd 40, eyg.

Fila 13: pr 39, eyg.

Fila 14: tpd 38, eyg.

Fila 15: pr 37, eyg.

Fila 16: tpd 36, eyg.

Fila 17: pr 35, eyg.

Fila 18: tpd 11, tpd2j, tpd 8, tpd2j, tpd 11, eyg.

Fila 19: pr 31, eyg.

Fila 20: tpd 30, eyg.

Fila 21: pr 31, eyg.

Fila 22: tpd 32, eyg.

Fila 23: pr 33, eyg.

Fila 24: tpd 34, eyg.

Fila 25: pr 35, eyg.

Fila 26: tpd 36, eyg.

Fila 27: pr 37, eyg.

Fila 28: tpd 12, tpd2j, tpd 10, tpd2j, tpd 12, eyg.

Fila 29: pr 37, eyg.

Fila 30: tpd 38, eyg.

Fila 31: pr 39, eyg.

Fila 32: tpd 40, eyg.

Fila 33: pr 41, eyg.

Fila 34: tpd 42, eyg.

Fila 35: pr 43, eyg.

Fila 36: tpd 46 (48 ps en total).

Fila 37: punto revés.

Fila 38: tpd 17, tpd2j, tpd 10, tpd2j, tpd 17 (46 ps). Trabajar 5 filas en pj.

Fila 46: tpd2j, tpd 42, tpd2j (44 ps).

Fila 47: punto revés.

Fila 48: punto derecho.

Dar forma a las patas delanteras

Añadir bl.

Fila 49: pr 14 bl, pr 16 sn, pr 14 bl, montar 16 ps bl (60 ps).

Fila 50: tpd 34 bl, tpd 8 sn, tpd 18 bl, montar 16 ps bl (76 ps). Cont con bl.

Fila 51: punto revés.

Fila 52: aum, tpd 74, aum (78 ps).

Fila 53: punto revés.

Fila 54: aum, tpd 31, tpd2j, tpd 10, tpd2j, tpd 31, aum (78 ps). Añadir sn.

Fila 55: pr 37 bl, pr 4 sn, pr 37 bl.

Fila 56: aum bl, tpd 33 bl, tpd 10 sn, tpd 33 bl, aum bl (80 ps).

Fila 57: pr 32 bl, pr 16 sn, pr 32 bl.

Fila 58: aum bl, tpd 29 bl, tpd 20 sn, tpd 29 bl, aum bl (82 ps). Cont con bl.

Fila 59: pr 5, pr2j, pr 12 (sujetar los 63 ps restantes con la aguja suelta).

Fila 60: trabajar 18 ps para la pata delantera izquierda, tpd 18.

Fila 61: pr 5, aum, pr 12 (19 ps).

Fila 62: tpd 17, tpd2j (18 ps).

Fila 63: punto revés.

Fila 64: tpd 16, tpd2j (17 ps).

Fila 65: punto revés.

Fila 66: punto derecho.

Fila 67: rematar 7 ps, pr hasta el final (10 ps).

Fila 68: punto derecho.

Fila 69: rematar 3 ps, pr hasta el final (7 ps).

Fila 70: punto derecho. Rematar y romper el hilo.

Siguiente fila: volver a añadir bl, pr 7 bl, pr 30 sn, pr 19 bl, pr2j bl, pr 5 bl (62 ps). Cont con bl.

Siguiente fila: tpd 18 para la pata delantera izquierda (sujetar los 44 ps restantes en la aguja suelta).

Siguiente fila: pr 12, aum, pr 5 (19 ps).

Siguiente fila: tpd2j, tpd 17 (18 ps).

Siguiente fila: punto revés.

Siguiente fila: tpd2j, tpd 16 (17 ps).

Siguiente fila: punto revés.

Siguiente fila: rematar 7 ps, tpd hasta el final (10 ps).

Siguiente fila: punto revés.

Siguiente fila: rematar 3 ps, tpd hasta el final (7 ps).

Siguiente fila: punto revés. Rematar y romper el hilo.

Dar forma a los hombros

Siguiente fila: volver a añadir bl y sn a los 44 ps del centro, tpd 4 bl, tpd 12 sn, tpd2j sn, tpd 8 sn, tpd2j sn, tpd 12 sn, tpd 4 bl (42 ps).

Siguiente fila: pr 2 bl, pr 38 sn, pr 2 bl. Cont cn sn.

Siguiente fila: tpd2j, tpd 12, tpd2j, tpd 10, tpd2j, tpd 12, tpd2j (38 ps).

Siguiente fila: punto revés.

Siguiente fila: tpd2j, tpd 11, tpd2j, tpd 8, tpd2j, tpd11, tpd2j (34 ps).

Siguiente fila: punto revés.

Siguiente fila: tpd2j, tpd 9, tpd2j, tpd 8, tpd2j, tpd 9, tpd2j (30 ps).

Siguiente fila: punto revés.

Siguiente fila: tpd2j, tpd 8, tpd2j, tpd 6, tpd2j, tpd 8, tpd2j (26 ps).

Siguiente fila: punto revés.

Siguiente fila: tpd 22, enrollar y girar (dejar 4 ps sin trabajar en la aguja izquierda).

Siguiente fila: trabajar 18 ps en el centro de la parte superior de la cabeza, pr 18, eyg.

Siguiente fila: tpd 18, eyg. Rp las 2 últimas filas 1 vez más.

Siguiente fila: pr 18, eyg.

Siguiente fila: tpd 22 (26 ps en total).

Siguiente fila: punto revés.
Siguiente fila: aum, tpd 24, aum (28 ps).
Siguiente fila: punto revés.
Siguiente fila: aum, tpd 26, aum (30 ps).
Siguiente fila: punto revés.
Siguiente fila: aum, tpd 8, tpd2j, tpd 8, tpd2j, tpd 8, aum (30 ps).
Siguiente fila: punto revés.
Siguiente fila: tpd 23, enrollar y girar (dejar 7 ps sin trabajar en la aguja izquierda).
Siguiente fila: pr 16, eyg.
Siguiente fila: tpd 16, eyg.
Rp las 2 últimas filas 1 vez más.
Siguiente fila: pr 16, eyg.
Siguiente fila: tpd 23 (30 ps en total).
Siguiente fila: pr2j, pr 4, pr2j, pr 3, pr2j, pr4, pr2j, pr 3, pr2j, pr 4, pr2j (24 ps).
Añadir bl para las manchas de los ojos.
Siguiente fila: tpd2j sn, tpd 4 sn, tpd2j bl, tpd 1 bl, tpd2j sn, tpd 2 sn, tpd2j sn, tpd 1 bl, tpd2j bl, tpd 4 sn, tpd2j sn (18 ps).
Siguiente fila: pr 3 sn, pr2j bl, pr 2 bl, pr 4 sn, pr 2 bl, pr2j bl, pr 3 sn (16 ps).
Siguiente fila: tpd 3 sn, tpd 2 bl, tpd2j sn, tpd 2 sn, tpd2j sn, tpd 2 bl, tpd 3 sn (14 ps).
Cont con sn.
Trabajar 3 filas en pj.
Siguiente fila: tpd 4, tpd2j, tpd 2, tpd2j, tpd 4 (12 ps).
Trabajar 3 filas en pj.
Siguiente fila: tpd 3, tpd2j, tpd 2, tpd2j, tpd 3 (10 ps).
Rematar.

Barriga

Con sn, montar 18 ps.
Emp con una fila en tpd, trabajar 18 filas en pj.
Fila 19: tpd2j, tpd 14, tpd2j (16 ps).
Añadir bl.
Trabajar 9 filas en pj cn bl.
Fila 29: tpd 4 bl, tpd 8 sn, tpd 4 bl.
Fila 30: pr 6 bl, pr 4 sn, pr 6 bl.
Trabajar 8 filas en pj.
Fila 39: tpd 5 bl, tpd 6 sn, tpd 5 bl.

Fila 40: pr 3 bl, pr 10 sn, pr 3 bl.
Fila 41: tpd 2 bl, tpd 12 sn, tpd 2 bl.
Fila 42: pr 1 bl, pr 14 sn, pr 1 bl.
Fila 43: tpd 1 bl, tpd 14 sn, tpd 1 bl.
Cont con sn.
Fila 44: pr2j, pr 12, pr2j (14 ps).
Trabajar 14 filas en pj.
Fila 59: tpd2j, tpd 2, tpd2j, tpd 2, tpd2j, tpd 2, tpd2j (10 ps).
Trabajar 3 filas en pj.
Fila 63: tpd 2, tpd2j, tpd 2, tpd2j, tpd 2 (8 ps).
Trabajar 3 filas en pj.
Fila 67: tpd 1, tpd2j, tpd 2, tpd2j, tpd 1 (6 ps).
Trabajar 2 filas en pj.
Rematar.

Oreja

(Tejer 2 iguales)
Con bl, montar 5 ps.
Tejer 4 filas en punto derecho.
Fila 5: tpd2j, tpd 1, tpd2j (3 ps).
Rematar.

Tallo de bambú

Con ri, montar 6 ps.
Emp con una fila en tdp, trabajar 13 filas en pj.
Fila 14: punto derecho.
Emp con una fila tpd, trabajar 11 filas en pj.
Fila 26: punto derecho.
Emp con una fila en tpd, trabajar 11 filas en pj.
Fila 38: punto derecho.
Emp con una fila en tpd, trabajar 12 filas en pj.
Rematar.

Hoja de bambú

Con ri, montar 4 ps.
Tejer 20 filas en punto derecho.
Fila 21: [tpd2j] 2 veces (2 ps).
Tejer 4 filas en punto derecho.
Fila 26: tpd2j y atar.

Acabados

COSER LOS EXTREMOS Deje los extremos de las filas montadas y las filas rematadas para coserlos.

PATAS Con los LR juntos, doble cada pata por la mitad. Empiece a coserlas por el LD y por las pezuñas.

CABEZA Doble la fila rematada de la cabeza por la mitad y cosa desde el hocico hasta la barbilla.

BARRIGA Cosa la fila montada de la barriga a los cuartos traseros, entre las patas traseras, y cosa la fila rematada a la barbilla. Afloje y cosa la barriga de manera que se ajuste al cuerpo; las curvas y las manchas negras deben coincidir con las patas. Deje un hueco de 2,5 cm entre las patas delanteras y las traseras, a un lado.

RELLENO Los limpiapipas sirven para dar rigidez a las patas y doblarlas según la forma deseada. Doble un limpiapipas con forma de U y mídalo en comparación con las dos patas delanteras. Corte dejando 2,5 cm de más en cada extremo. Doble los extremos para impedir que el limpiapipas se salga por las pezuñas. Enrolle un poco de relleno alrededor del limpiapipas e introdúzcalo en el cuerpo de manera que los extremos bajen por cada una de las patas delanteras. Repita con el segundo limpiapipas y las patas traseras. Empiece a rellenar el panda por la cabeza de manera que quede firme; añada unos granos de arroz o unas lentejas para dar peso al fondo. Cosa el hueco y dé forma al cuerpo empujando la cabeza hacia abajo.

OREJAS Cosa la fila montada de cada oreja dejando 6 ps de separación entre ellas.

OJOS Con algodón negro, cosa una cuenta negra en el centro de la mancha correspondiente.

HOCICO Con bl, borde la nariz con puntada satinada.

BAMBÚ Corte un limpiapipas de manera que se ajuste al largo del bambú y doble los extremos. Envuelva el bambú en torno al limpiapias y cóselo. Cosa la hoja de bambú. Sujete la pieza a las pezuñas de las patas delanteras.

Orangután

Orangután significa «persona del bosque»; son grandes simios, como los chimpancés y los gorilas. Se diferencian de los demás monos en que los primeros no tienen cola. Existe la leyenda de que los orangutanes saben hablar, pero no lo hacen por temor a que los obliguen a trabajar. El rey Louie, una de las estrellas de la película *El libro de la selva*, no figura en el libro original; aparece en la cinta para cantarle a Mowgli «Quiero ser como tú». Los orangutanes de Borneo se encuentran amenazados y los de Sumatra están en grave peligro de extinción debido en gran parte a la deforestación.

Orangután

Esta pieza alegrará
cualquier rincón
de su casa.

Medidas

Altura hasta la parte superior de la cabeza: 25 cm.
Altura (colgado de un brazo): 36 cm.

Materiales

- Un par de agujas de tejer de 2 ¾ mm
- 10 g de Rowan Pure Wool de 4 dobleces en Mocha 417 (mo)
- 20 g de Rowan Kidsilk Haze en Brick 649 (bk)
- 30 g de Rowan Felted Tweed en Ginger 154 (gn)

Nota: en algunas zonas de este animal se utiliza
1 hebra de mo y 1 de gn juntas; lo llamamos mogn.
En otras partes se utiliza 1 hebra de bk y 1 de gn
juntas; lo llamamos bkgn.

- Una pequeña cantidad de Rowan Pure Wool de 4 dobleces en Black 404 (bl) para los ojos.
- 4 limpiapipas para los brazos y las patas
- 2 cuentas negras muy pequeñas para los ojos, aguja e hilo negro para coserlas

Abreviaturas

Véase pág. 172.
Véase pág. 172, Enrollar y girar.
Véase pág. 173, Punto bucle. Trabajar con punto
bucle con 3 dedos en todo el patrón.
Cuando trabaje con bkgn, los bucles se realizan
únicamente con bk.

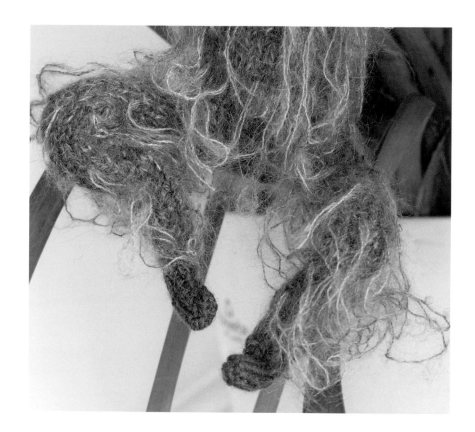

Patas traseras

(Tejer 2 iguales)
Con mo, montar 8 ps.
Emp con una fila en tpd, trabajar 10 filas
en pj.
Cont con bkgn.
Fila 11: aum, tpd 6, aum (10 ps).
Trabajar 5 filas en pj.
Fila 17: aum, tpd 8, aum (12 ps).
Trabajar 3 filas en pj.

Brazos y patas

El orangután se confecciona de
manera que pueda colocarse
sentado o colgado; todas las
extremidades pueden manipularse
para que adopten la forma deseada.

Fila 21: tpd 2, [p bucle 1, tpd 1] hasta el final.
Trabajar 5 filas en pj.
Fila 27: como la fila 21.
Trabajar 5 filas en pj.
Fila 33: como la fila 21.
Trabajar 7 filas en pj.
Fila 41: como la fila 21.
Trabajar 7 filas en pj.
Fila 49: aum, tpd 10, aum (14 ps).
Fila 50: punto revés.
Fila 51: tpd 2, [p bucle 1, tpd 1] hasta el final.
Trabajar 3 filas en pj.
Rematar.

Brazos

(Tejer 2 iguales)
Con mo, montar 8 ps.
Emp con una fila en tpd, trabajar 8 filas en pj.
Cont con bkgn.
Fila 9: aum, tpd 6, aum (10 ps).
Trabajar 9 filas en pj.
Fila 19: tpd 2, [p bucle 1, tpd 1] hasta el final.
Trabajar 7 filas en pj.
Fila 27: como la fila 19.
Trabajar 5 filas en pj.
Fila 33: como la fila 19.
Trabajar 7 filas en pj.
Fila 41: como la fila 19.
Trabajar 5 filas en pj.
Fila 47: aum, tpd 8, aum (12 ps).
Trabajar 5 filas en pj.
Fila 53: tpd 1, p bucle 10, tpd 1.
Trabajar 5 filas en pj.
Rematar.

Espalda y cabeza

Con bkgn, montar 14 ps.
Emp con una fila en tpd, trabajar 2 filas en pj.
Fila 3: aum, tpd 12, aum (16 ps).
Trabajar 7 filas en pj.
Fila 11: aum, tpd 14, aum (18 ps).
Fila 12: punto revés.
Fila 13: tpd 2, [p bucle 1, tpd 1] hasta el final.
Trabajar 7 filas en pj.

Fila 21: aum, tpd 16, aum (20 ps).
Fila 22: punto revés.
Fila 23: como la fila 13.
Trabajar 9 filas en pj.
Fila 33: como la fila 13.
Trabajar 7 filas en pj.
Fila 41: tpd2j, tpd 16, tpd2j (18 ps).
Fila 42: punto revés.
Fila 43: como la fila 13.
Trabajar 3 filas en pj.
Fila 47: tpd2j, tpd 14, tpd2j (16 ps).
Fila 48: punto revés.
Fila 49: como la fila 13.
Fila 50: punto revés.*

Dar forma a los hombros

Fila 51: rematar 6 ps, tpd hasta el final (10 ps).
Fila 52: rematar 6 ps, pr hasta el final (4 ps).
Trabajar 2 filas en pj.
Cont con mogn.
Fila 55: [aum] 4 veces (8 ps).
Fila 56: punto revés.
Fila 57: aum, tpd 6, aum (10 ps).
Fila 58: punto revés.
Fila 59: aum, tpd 1, aum, tpd 4, aum, tpd 1,
aum (14 ps).
Fila 60: punto revés.
Añadir bk.
Fila 61 (tejer bucles con bk, tpd en mogn):
aum, tpd 1, p bucle 1, aum, [p bucle 1, tpd 1]
3 veces, aum, p bucle 1, tpd 1, aum (18 ps).
Fila 62: punto revés.
Fila 63: tpd 14, enrollar y girar (dejar 4 ps
sin trabajar en la aguja izquierda).
Fila 64: trabajar en el centro de la parte superior
de la cabeza solamente 10 ps, pr 10, eyg.
Fila 65: tpd 10, eyg.
Fila 66: pr 10, eyg.
Fila 67: tpd 10, eyg.
Fila 68: pr 10, eyg.
Fila 69: tpd 14 (18 ps en total).
Fila 70: punto revés.
Fila 71: tpd2j, tpd 1, tpd2j, tpd 8, tpd2j, tpd 1,
tpd2j (14 ps).
Fila 72: pr2j, pr 10, pr2j (12 ps).

Cabeza

El pelo del orangután se teje con punto bucle y cae sobre la cabeza.

Fila 73: tpd 9, eyg (dejar 3 ps sin trabajar en la aguja izquierda).
Fila 74: trabajar 6 ps solamente en el centro de la parte superior de la cabeza, pr 6, eyg.
Fila 75: tpd 6, eyg.
Fila 76: pr 6, eyg.
Fila 77: tpd 6, eyg.
Fila 78: pr 6, eyg.
Fila 79: tpd 9 (12 ps en total).
Fila 80: [pr2j] 6 veces (6 ps).
Rematar.

Parte delantera

Trabajar como la espalda y cabeza hasta *.

Dar forma a los hombros

Fila 51: tpd 6, tpd2j, girar.
Fila 52: trabajar solamente en este lado, pr2j, pr 5.
Rematar.
Fila 51: volver a añadir el hilo, tpd2j, tpd 6.
Fila 52: pr 5, pr2j.
Rematar.

Acabados

COSER LOS EXTREMOS Deje los extremos de la fila montada y de las filas rematadas para coserlos.

CABEZA Con los LR juntos, cosa los dos lados de la cabeza y el cuello dejando un hueco de 2,5 cm a un lado. Rellene con firmeza y cosa el hueco.

CUERPO Con los LR juntos, cosa los hombros con p colchonero.

PATAS Y CUERPO Los limpiapipas sirven para dar rigidez a las patas y los brazos, y doblarlos según la forma deseada. Mida los limpiapipas de manera que se ajusten al largo de los brazos y las patas, pero dejando 2,5 cm de más en los extremos de las pezuñas. Doble esos extremos para evitar que los limpiapipas se salgan. Enrolle los limpiapipas con un poco de relleno y envuélvalos con la pieza tejida; cosa por fuera. Enrolle los otros extremos de los limpiapipas entre sí dentro del cuerpo. Cosa los brazos a los lados del cuerpo, por debajo de la costura de los hombros, y cosa bajando por un lado del cuerpo, por fuera, sujetando las patas a la parte inferior de la costura lateral con los bordes interiores de los limpiapipas sujetos entre sí, como antes. Cosa los cuartos traseros y suba por el otro lado; deje un hueco de 2,5 cm para el relleno.

RELLENO Rellene el cuerpo, pero no demasiado porque es necesario que el orangután quede un poco blando. Cosa el hueco.

POSICIÓN La cabeza cae sobre el pecho; bájela con una puntada debajo de la barbilla.

OJOS Con bl, cosa nudos franceses de 2 bucles situados como se observa en la fotografía, con 2 ps de distancia entre los ojos. Cosa las cuentas negras encima de los nudos.

Canguro con cría

El canguro, que únicamente vive en Australia, posee unas potentes patas traseras, unos pies grandes para saltar y una cola grande y musculosa para mantenerse en equilibrio. Kanga es un amable personaje en *Winnie the Pooh*, de A. A. Milne. Su cría se llama Roo y es el juguetón e incansable amigo de Tigger. Los canguros viven felices en grupos, y durante la estación de apareamiento los machos «boxean» para decidir quién tendrá más hijos. Los machos jóvenes también pelean, pero como un juego.

Canguro con cría

Nuestro canguro de punto incluye una cría en la bolsa.

Medidas

Longitud hasta el extremo de la cola: 22 cm.
Altura hasta la parte superior de la cabeza (sentado): 17 cm.

Materiales

- Un par de agujas de tejer de 2 ¾ mm
- Agujas de tejer de doble punta (para sujetar los puntos) de 2 ¾ mm
- 30 g de Rowan Pure Wool de 4 dobleces en Toffee 453 (tf)
- 5 g de Rowan Kidsilk Haze en Pearl 590 (pe) utilizada DOBLE en todo el patrón
- Una pequeña cantidad de Rowan Pure Wool de 4 dobleces en Black 404 (bl) para los ojos y el hocico
- 3 limpiapipas para las patas y la cola

Abreviaturas

Véase pág. 172.
Véase pág. 172, Tejer con diferentes colores.
Véase pág. 172, Enrollar y girar.
Véase pág. 172, Filas cortas.

Canguro

Pata trasera derecha

Con bl, montar 9 ps.
Emp con una fila en tpd, trabajar 3 filas en pj.
Cambiar a pe.
Trabajar 11 filas en pj.

Fila 15: tpd 1, enrollar y girar (dejar 8 ps sin trabajar en la aguja izquierda).
Fila 16: pr 1.
Fila 17: tpd 2, eyg.
Fila 18: pr 2.
Fila 19: tpd 3, eyg.
Fila 20: pr 3.
Fila 21: tpd 4, eyg.
Fila 22: pr 4.
Fila 23: tpd 9 (9 ps en total).
Fila 24: pr 1, eyg (dejar 8 ps sin trabajar en la aguja izquierda).
Fila 25: tpd 1.
Fila 26: pr 2, eyg.
Fila 27: tpd 2.
Fila 28: pr 3, eyg.
Fila 29: tpd 3.
Fila 30: pr 4, eyg.
Fila 31: tpd 4 (9 ps en total).
Trabajar 11 filas en pj.*
Añadir tf.
Fila 43: tpd 7 pe, tpd 2 tf.
Fila 44: pr 2 tf, pr 7 pe.
Fila 45: aum pe, tpd 2 pe, aum pe, tpd 1 pe, aum pe, tpd 2 tf, aum tf (13 ps).
Fila 46: pr 4 tf, pr 9 pe.
Fila 47: tpd 8 pe, tpd 5 tf, montar 6 ps (19 ps).
Fila 48: pr 6 tf, pr 13 pe, montar 6 ps pe (25 ps).
Fila 49: tpd 13 pe, tpd 12 tf.
Fila 50: pr 13 tf, pr 12 pe.
Fila 51: aum pe, tpd 11, pe, tpd 12 tf, aum tf (27 ps).
Fila 52: pr 15 tf, pr 12 pe.
Fila 53: tpd 12 pe, aum tf, tpd 1 tf, aum tf, tpd 12 tpd (29 ps).
Fila 54: pr 17 tf, pr 12 pe.
Fila 55: tpd2j pe, tpd 10 pe, tpd 15 tf, tpd2j tf (27 ps).
Fila 56: pr 16 tf, pr 11 pe.
Fila 57: tpd2j pe, tpd 10 pe, aum tf, tpd 1 tf, aum tf, tpd 10 tf, tpd2j tf (27 ps).
Fila 58: pr 16 tf, pr 11 pe.
Fila 59: tpd2j pe, tpd 8 pe, tpd 15 tf, tpd2j tf (25 ps).
Fila 60: pr 15 tf, pr 10 pe.
Fila 61: tpd2j pe, tpd 8 pe, tpd2j tf, tpd 1 tf, tpd2j tf, tpd 8 tf, tpd2j tf (21 ps).
Fila 62: pr 11 tf, pr 10 pe.
Fila 63: tpd2j pe, tpd 6 pe, tpd2j pe, tpd 1 tf, tpd2j tf, tpd 6 tf, tpd2j tf (17 ps).
Fila 64: rematar 9 ps tf, 8 ps pe.

Pata trasera izquierda

Tejer como la pata trasera derecha hasta *.
Añadir tf.
Fila 43: tpd 2 tf, tpd 7 pe.
Fila 44: pr 7 pe, pr 2 tf.
Fila 45: aum tf, tpd 2 tf, aum pe, tpd 1 pe, aum pe, tpd 2 pe, aum pe (13 ps).
Fila 46: pr 9 pe, pr 4 tf.
Fila 47: tpd 5 tf, tpd 8 pe, montar 6 ps pe (19 ps).
Fila 48: pr 13 pe, pr 6 tf, montar 6 ps tf (25 ps).
Fila 49: tpd 12 tf, tpd 13 pe.
Fila 50: pr 12 pe, pr 13 tf.
Fila 51: aum tf, tpd 12 tf, tpd 11 pe, aum pe (27 ps).
Fila 52: pr 12 pe, pr 15 tf.
Fila 53: tpd 12 tf, aum tf, tpd 1 tf, aum tf, tpd 12 pe (29 ps).
Fila 54: pr 12 pe, pr 17 tf.
Fila 55: tpd2j tf, tpd 15 tf, tpd 10 pe, tpd2j pe (27 ps).
Fila 56: pr 11 pe, pr 16 tf.
Fila 57: tpd2j tf, tpd 10 tf, aum tf, tpd 1 tf, aum tf, tpd 10 pe, tpd2j pe (27 ps).
Fila 58: pr 11 pe, pr 16 tf.
Fila 59: tpd2j tf, tpd 15 tf, tpd 8 pe, tpd2j pe (25 ps).
Fila 60: pr 9 pe, pr 16 tf.
Fila 61: tpd2j tf, tpd 8 tf, tpd2j tf, tpd 1 tf, tpd2j tf, tpd 8 pe, tpd2j (21 ps).
Fila 62: pr 10 pe, pr 11 tf.
Fila 63: tpd2j tf, tpd 6 tf, tpd2j tf, tpd 1 tf, tpd2j pe, tpd 6 pe, tpd2j pe (17 ps).
Fila 64: rematar 8 ps pe, 9 ps tf.

Patas delanteras

(Tejer 2 iguales)
Con bl, montar 7 ps.
Emp con una fila en tpd, trabajar 2 filas en pj.
Cont con tf.
Fila 3: punto derecho.

Fila 4: pr 1, pr2j, pr 1, pr2j, pr 1 (5 ps).
Trabajar 4 filas en pj.
Fila 9: aum, tpd 3, aum (7 ps).
Fila 10: punto revés.
Fila 11: aum, tpd 5, aum (9 ps).
Trabajar 5 filas en pj.
Fila 17: aum, tpd 7, aum (11 ps).
Fila 18: punto revés.
Fila 19: aum, tpd 9, aum (13 ps).
Fila 20: punto revés.
Fila 21: tpd2j, tpd 9, tpd2j (11 ps).
Rematar.

Cola

Empezar por la punta de la cola, con tf montar 2 ps.
Emp con una fila en tpd, trabajar 2 filas en pj.
Fila 3: [aum] 2 veces (4 ps).
Fila 4: punto revés.
Fila 5: aum, tpd 2, aum (6 ps).
Trabajar 5 filas en pj.
Fila 11: aum, tpd 4, aum (8 ps).
Trabajar 15 filas en pj.
Fila 27: aum, tpd 6, aum (10 ps).
Trabajar 9 filas en pj.
Fila 37: aum, tpd 8, aum (12 ps).
Trabajar 5 filas en pj (sujetar 12 ps en la aguja
suelta para el cuerpo).

Lado derecho del cuerpo

Fila 1: con tf, montar 3 ps, con los LD juntos tpd
6 con la aguja suelta para la cola (sujetar los 6 ps
restantes con la aguja suelta para el lado izquierdo
del cuerpo) (9 ps).
Fila 2: pr 8, aum (10 ps).
Fila 3: aum, tpd 9 (11 ps).
Fila 4: pr 10, aum (12 ps).
Fila 5: aum, tpd 9, tpd2j (12 ps).
Fila 6: pr 11, aum (13 ps).
Fila 7: aum, tpd 12 (14 ps).
Fila 8: pr 13, aum (15 ps).
Fila 9: aum, tpd 12, tpd2j (15 ps).
Fila 10: pr 15, montar 5 ps (20 ps).
Fila 11: tpd 18, tpd2j (19 ps).
Fila 12: pr 19, montar 9 ps (27 ps).

Cabeza
El canguro presenta las orejas erguidas
y altas, en posición de alerta.

Cría

La cría no tiene patas, ya que se aloja en la bolsa y no las necesita.

Fila 13: tpd 25, tpd2j (26 ps).
Fila 14: pr 26, montar 3 ps (29 ps).
Fila 15: tpd 27, tpd2j (28 ps).
Fila 16: punto revés.
Fila 17: aum, tpd 25, tpd2j (28 ps).
Fila 18: punto revés.
Fila 19: tpd 26, tdd2j (27 ps).
Fila 20: pr2j, pr 25 (26 ps).
Fila 21: aum, tpd 23, tpd2j (26 ps).
Fila 22: pr2j, pr 24 (25 ps).
Fila 23: tpd 23, tpd2j (24 ps).
Fila 24: pr2j, pr 22 (23 ps).

Fila 25: aum, tpd 20, tpd2j (23 ps).
Fila 26: rematar 3 ps, pr hasta el final (20 ps).
Fila 27: tpd 9 (sujetar 9 ps en la aguja suelta para el cuello), rematar 3 ps, tpd hasta el final (8 ps).
Fila 28: trabajar solamente 8 ps en la espalda, pr2j, pr 4, pr2j (6 ps).
Fila 29: rematar.

Lado izquierdo del cuerpo

Fila 1: con tf, montar 3 ps, con los LR juntos pr 6 con la aguja suelta para la cola (9 ps).
Fila 2: tpd 8, aum (10 ps).
Fila 3: aum, pr 9 (11 ps).
Fila 4: tpd 10, aum (12 ps).
Fila 5: aum, pr 9, pr2j (12 ps).
Fila 6: tpd 11, aum (13 ps).
Fila 7: aum, pr 12 (14 ps).
Fila 8: tpd 13, aum (15 ps).
Fila 9: aum, tpd 12, pr2j (15 ps).
Fila 10: tpd 15, montar 5 ps (20 ps).
Fila 11: pr 18, pr2j (19 ps).
Fila 12: tpd 19, montar 8 ps (27 ps).
Fila 13: pr 25, pr2j (26 ps).
Fila 14: tpd 26, montar 3 ps (29 ps).
Fila 15: pr 27, pr2j (28 ps).
Fila 16: punto derecho.
Fila 17: aum, pr 25, pr2j (28 ps).
Fila 18: punto derecho.
Fila 19: pr 26, pr2j (27 ps).
Fila 20: tpd2j, tpd 25 (26 ps).
Fila 21: aum, pr 23, pr2j (26 ps).
Fila 22: tpd2j, tpd 24 (25 ps).
Fila 23: pr 23, pr2j (24 ps).
Fila 24: tpd2j, tpd 22 (23 ps).
Fila 25: aum, pr 20, pr2j (23 ps).
Fila 26: rematar 3 ps, tpd hasta el final (20 ps).
Fila 27: pr 9 (sujetar esos 9 ps en la aguja suelta para el cuello), rematar 3 ps, pr hasta el final (8 ps).
Fila 28: trabajar solamente en la espalda, tpd2j, tpd 4, tpd2j (6 ps).
Fila 29: rematar 6 ps en la espalda.

Cuello y cabeza

Fila 1: con tf, tpd 9 con la aguja suelta para el lado derecho del cuerpo, tpd 9 con la aguja suelta para el lado izquierdo del cuerpo (18 ps).
Fila 2: punto revés.
Fila 3: tpd 5, tpd2j, tpd 4, tpd2j, tpd 5 (16 ps).
Trabajar 3 filas en pj.
Fila 7: tpd 12, enrollar y girar (dejar 4 ps sin trabajar en la aguja izquierda).

Fila 8: trabajar solamente 8 ps en el centro de la parte superior de la cabeza, pr 8, eyg.
Fila 9: tpd 8, eyg.
Rp filas 8-9 1 vez más.
Fila 12: pr 8, eyg.
Fila 13: tpd 12 (16 ps en total).
Fila 14: pr2j, pr 12, pr 2 j (14 ps).
Fila 15: tpd 11, eyg (dejar 3 ps sin trabajar en la aguja izquierda).
Fila 16: trabajar solamente 8 ps en el centro, pr 8, eyg.
Fila 17: tpd 8, eyg.
Rp filas 16-17 1 vez más.
Fila 20: pr 8, eyg.
Fila 21: tpd 11 (14 ps en total).
Fila 22: pr 2, pr2j, pr 2, pr2j, pr 2, pr2j, pr 2 (11 ps).
Trabajar 4 filas en pj.
Fila 27: tpd2j, tpd 7, tpd2j (9 ps).
Trabajar 2 filas en pj.
Fila 30: pr2j, pr 5, pr2j (7 ps).
Rematar.

Barriga

Con pe, montar 6 ps.
Emp con una fila en tpd, trabajar 2 filas en pj.
Fila 3: aum, tpd 4, aum (8 ps).
Trabajar 51 filas en pj.
Fila 55: tpd 1, tpd2j, tpd 2, tpd2j, tpd 1 (6 ps).
Trabajar 7 filas en pj.
Fila 63: tpd 1, [tpd2j] 2 veces, tpd 1 (4 ps).
Trabajar 15 filas en pj.
Rematar.

Bolsa

Con pe, montar 8 ps.
Emp con una fila en tpd, trabajar 2 filas en pj.
Fila 3: aum, tpd 6, aum (10 ps).
Fila 4: punto revés.
Fila 5: aum, tpd 2, aum, tpd 2, aum, tpd 2, aum (14 ps).
Fila 6: punto revés.
Fila 7: tpd 3, aum, tpd 6, aum, tpd 3 (16 ps).
Fila 8: punto revés.

Fila 9: aum, tpd 3, aum, tpd 6, aum, tpd 3, aum (20 ps).
Trabajar 11 filas en pj.
Fila 19: punto derecho.
Fila 20: punto revés.
Fila 21: rematar.

Oreja

(Tejer 2 iguales)
Con tf, montar 6 ps.
Trabajar 8 filas en punto derecho.
Siguiente fila: tpd2j, tpd 2, tpd2j (4 ps).
Trabajar 3 filas en punto derecho.
Siguiente fila: [tpd2j] 2 veces (2 ps).
Siguiente fila: tpd2j y atar.

Cría

Cuerpo

Con tf, montar 10 ps.
Emp con una fila en tpd, trabajar 12 filas en pj.
Fila 13: tpd2j, tpd 6, tpd2j (8 ps).
Trabajar 3 filas en pj.
Fila 17: tpd 6, enrollar y girar (dejar 2 ps sin trabajar en la aguja izquierda).
Fila 18: trabajar solamente 4 ps en el centro, pr 4, eyg.
Fila 19: tpd 4, eyg.
Fila 20: pr 4, eyg.
Fila 21: tpd 6 (8 ps en total).
Fila 22: punto revés.
Fila 23: tpd 6, eyg (dejar 2 ps sin trabajar en la aguja izquierda).
Fila 24: pr 4, eyg.
Fila 25: tpd 4, eyg.
Fila 26: pr 4, eyg.
Fila 27: tpd 6 (8 ps en total).
Fila 28: pr 1, pr2j, pr 2, pr2j, pr 1 (6 ps).
Trabajar 2 filas en pj.
Fila 31: tpd 2, tpd2j, tpd 2 (5 ps).
Fila 32: rematar.

Barriga

Con pe, montar 5 ps.
Emp con una fila en tpd, trabajar 16 filas en pj.
Fila 17: tpd2j, tpd 1, tpd2j (3 ps).
Trabajar 3 filas en pj.
Fila 21: aum, tpd 1, aum (5 ps).
Trabajar 4 filas en pj.
Fila 26: pr2j, pr 1, pr2j (3 ps):
Trabajar 2 filas en pj.
Fila 29: tpd2j y atar.

Oreja

(Tejer 2 iguales)
Con tf, montar 4 ps.
Trabajar 4 filas en punto derecho.
Siguiente fila: [tpd2j] 2 veces (2 ps).
Siguiente fila: tpd2j y atar.

Acabados

Canguro

COSER LOS EXTREMOS Cosa los extremos, pero deje libres los que rodean los bordes de la cabeza, el cuerpo, las patas y las pezuñas para coserlos después.
CABEZA Doble la fila rematada de la cabeza por la mitad y cosa desde el hocico hasta la barbilla con punto de festón.
COLA Cosa la cola con punto colchonero o de festón, por fuera.
CUERPO Con los LD juntos, cosa la espalda del canguro con punto colchonero o de festón.
BOLSA Con punto de festón, sujete la bolsa al LD de la barriga, fila montada con fila montada. Deje abierta la parte superior para que pueda asomar la cría.
BARRIGA Con punto colchonero o de festón, cosa la fila montada de la barriga a la base del trasero, justo por detrás de las patas traseras, y cosa la fila rematada al hocico. Afloje y cosa la barriga de manera que encaje con el cuerpo. Deje un hueco de 2,5 cm a un lado. Dele la vuelta.

RELLENO Corte un limpiapipas 2,5 cm más largo que la cola. Doble un extremo. Introduzca el extremo doblado en la cola y añada un poco de relleno. El extremo del limpiapipas no quedará visible gracias al relleno del cuerpo. Empiece a rellenar el cuerpo por la cabeza, con firmeza, y cosa el hueco con punto colchonero. Dé forma al canguro.

PATAS Doble una pata por la mitad, empezando por la pezuña, y cósala con punto de festón o colchonero por fuera. Corte un limpiapipas con la misma longitud que la pata, aproximadamente, más 2,5 cm en ambos extremos. Doble esos extremos para evitar que el limpiapipas se salga. Enrolle el limpiapipas con un poco de relleno e introdúzcalo en la pata. Rellene ligeramente la pata y cosa siguiendo el borde superior. Para las patas delanteras se necesita menos relleno. Sujete las patas delanteras al principio de la curva hacia el cuello, y las traseras como se observa en la fotografía. Asegúrelas por debajo para evitar que se abran.

OREJAS Sujete la fila rematada de las orejas a los lados de la cabeza del canguro, en un ligero ángulo hacia atrás y abajo, dejando 4 ps de separación.

OJOS con bl, cosa nudos franceses de 3 bucles como se observa en la fotografía.

HOCICO Con bl, borde la nariz con puntada satinada.

Cría

Igual que el canguro:

COSER LOS EXTREMOS

CABEZA

BARRIGA Tenga en cuenta que la cría carece de patas.

RELLENO No se utilizan limpiapipas.

OREJAS Deje una separación de 1 p entre las orejas.

OJOS

HOCICO

Introduzca la cría en la bolsa del canguro.

¿Le gustaría tejer un camaleón?
Visite www.lovecrafts.co.uk,
encontrará el patrón
(en inglés).

Consejos

Elegir los hilos

Recomendamos hilos Rowan, pero, dado que para cada animal se necesita una pequeña cantidad, puede utilizar el que desee, también en colores o grosores distintos. Si utiliza hilos más gruesos, consulte el tamaño de las agujas necesarias en la etiqueta, pero utilice agujas al menos dos tallas menores de las que se recomiendan, porque se necesita bastante tensión (calibre) para que no se vea el relleno. Si utiliza hilos más gruesos y agujas más grandes, el animal quedará considerablemente más grande. Creemos que los hilos más finos dan resultados más delicados.

Las marcas de hilos actualizan constantemente sus gamas; por desgracia, mientras escribimos este libro, uno de los hilos que utilizamos (Cashsoft de 4 dobleces) se ha dejado de fabricar. En la sección de «Materiales» lo hemos sustituido, pero algunas de las fotografías son ligeramente distintas a los colores que tendrán sus animales.

Tejer el cuerpo y la cabeza

Cuando sujete puntos para utilizar más tarde en el patrón (por ejemplo, en la última fila de las patas), trabaje la última fila en una aguja suelta de doble punta, para que pueda recoger y tejer al derecho o al revés desde cualquiera de los extremos de la aguja.

Después de coser la espalda o el lomo del animal, podría quedar un hueco en la nuca. Para cerrarlo, utilice un par de puntadas de zurcir.

Siga las instrucciones al pie de la letra para recoger y tejer la primera fila del cuello y la cabeza. El lado derecho del cuerpo se teje primero, y después el izquierdo. La columna del animal se encuentra en el centro de esa fila. Si se recoge de manera incorrecta, la cabeza mirará hacia la cola.

Es posible que aparezcan huecos en torno a la fila corta que da forma a la parte superior de la cabeza. Cuando cosa las orejas, utilice el extremo cosido para tapar los posibles huecos. También puede utilizar puntadas de zurcir para tapar los puntos que no hayan quedado nítidos.

Relleno

Rellenar el animal es tan importante como tejerlo.

Utilice la punta de una aguja de tejer para empujar el relleno hasta las pezuñas y el hocico. Incluso una vez cosido el animal, puede manipular el relleno con una aguja de tejer. Si los puntos aparecen distorsionados, significa que ha rellenado el animal en exceso.

Recomendamos utilizar poliéster o capoc 100% para el relleno (disponibles en establecimientos de manualidades y en tiendas *on-line*). Para un animal se necesitan entre 20 g y 60 g de relleno (dependerá del tamaño).

Nota importante

Estos animales no son juguetes, pero, si pretende dejarlos en manos de niños muy pequeños, no utilice limpiapipas. En ese caso, tendrá que rellenar muy bien las patas para que los animales se mantengan de pie.

Por desgracia, para algunos animales los limpiapipas son imprescindibles si se desea conseguir su forma única (por ejemplo, la jirafa y el murciélago).

Métodos

Abreviaturas

aum trabajar hasta el delantero y la parte posterior del siguiente punto para aumentar un punto

cont continuar

emp empezar

eyg enrollar y girar

g gramos

inclpm incluyendo puntos montados. Después de montar el número de puntos indicado, un punto se queda en la aguja derecha. Ese punto se incluye en la cifra del siguiente grupo de puntos

inv invertido

LD lado derecho

LR lado revés

p(s) punto(s)

pb punto bucle

pj punto jersey

pr punto revés

pr2(3)j tejer los dos (o tres) puntos revés siguientes juntos

rp repetir

tpd punto derecho

tpd2(3)j tejer los dos (o tres) puntos derechos siguientes juntos

[] instrucciones entre corchetes

* trabajar como indican las instrucciones después de asterisco

Tejer con diferentes colores

Existen dos técnicas principales para trabajar con más de un color en la misma fila de puntos: la técnica intarsia y la de la isla de Fair. Para algunos animales, como la jirafa, empleamos una combinación de ambos métodos.

Técnica intarsia

Este método se utiliza cuando se tejen grandes bloques individuales de color. Es mejor usar un ovillo pequeño (o una hebra larga) para cada zona de color; de lo contrario, los hilos pueden enredarse fácilmente. Cuando cambie a otro color, retuerza los hilos por el revés del tejido para evitar la aparición de huecos.

Cuando empiece una nueva fila, gire el tejido de manera que los hilos que cuelgan se desenrollen lo máximo posible. Si trabaja con varios colores, es posible que de vez en cuando tenga que reorganizar los hilos al final. El trabajo puede parecer caótico, pero cuando todos los cabos estén cosidos se verá bien.

Técnica de la isla de Fair

Si no hay más de cuatro puntos entre los diferentes colores, puede utilizar la técnica de la isla de Fair. Empiece a tejer con el primer color y bájelo cuando introduzca el segundo. Cuando llegue de nuevo al primer color, páselo por debajo del segundo para retorcer los hilos. Cuando llegue otra vez al segundo color, páselo por encima del primero. El secreto consiste en no tirar demasiado de las hebras por el lado del revés para evitar que el trabajo se arrugue.

Técnica de cordón tejido

Con las agujas de doble punta, *teja una fila en punto derecho. Deslice los puntos hasta el otro extremo de la aguja. Sin girar los puntos, repita desde * tirando del hilo del primer punto de manera que se forme un tubo.

Enrollar y girar (eyg)

Trabaje el número de puntos indicado en la primera fila corta. Deslice el siguiente punto al revés desde la aguja izquierda a la derecha. Lleve el hilo hacia delante y después deslice el punto de nuevo a la aguja izquierda, y de nuevo hacia atrás. En una fila en punto revés, utilice el mismo método llevando el hilo hacia atrás y después hacia delante.

Filas cortas

Se envuelve el punto con la técnica de enrollar y girar, pero el número de puntos se reduce en uno por cada fila y después se aumenta hasta el número original de puntos.

Punto bucle

En una fila tejida, se teje un punto normal, pero
se deja en la aguja izquierda. Lleve el hilo desde
el final hasta el principio entre las dos agujas.
Pase el hilo entre los dedos de la mano izquierda;
el número de dedos necesarios se especifica
en cada patrón. Lleve el hilo de atrás entre las
dos agujas hasta el final de la fila. Teja el punto
normal desde la aguja izquierda. Tendrá dos
puntos en la aguja derecha y un bucle entre
ellos. Pase el primer punto sobre el segundo
para atrapar el bucle, que así quedará asegurado.
El final del bucle se puede cortar cuando termine
el animal.

En general, un bucle de un dedo medirá unos 2 cm
de longitud; uno de 2 dedos, 3-4 cm; uno de 3 dedos,
6 cm; uno de 4 dedos, 7 cm.

Método de los flecos de bufanda

Se utiliza para las crines y la cola de la zebra; las
pezuñas del koala; la cola del camello; las crines
y la cola de la jirafa, y las orejas del lobo. Corte
dos piezas de hilo de 5 cm y dóblelas por la mitad.
Pase una aguja de ganchillo a través de un punto
tejido, pase el extremo doblado del hilo a través
del punto, deslice los extremos a través del bucle
y tire bien del hilo. Cuando termine los flecos,
corte a la longitud deseada.

Envolver los limpiapipas con hilo

Este método se utiliza para las patas muy
finas y para las pezuñas: si es posible, use
limpiapipas de un color que coincida con el del
hilo que va a emplear para cubrirlos. Deje una cola
de hilo libre de 5 cm y enrolle el hilo alrededor del
limpiapipas; asegúrese de que no se vea la chenilla
del limpiapias. Continúe bajando por el limpiapias
hasta llegar lo más cerca posible del extremo;

a continuación, suba de nuevo enrollando el hilo.
Anude los dos extremos y ocúltelos en el cuerpo.
Si se ve chenilla del limpiapipas en algún punto,
píntela con un rotulador del mismo color que
el hilo. Un poco de cola transparente impedirá
que el hilo que envuelve el limpiapias se salga
por el extremo.

Índice de animales

34

40

46

52

84

90

98

106

140

148

154

160

Recursos

Todos los animales se han tejido con hilos Rowan (www.knitwowan.com). Cuando este libro estaba en la imprenta, unos pocos colores dejaron de fabricarse, pero es posible que algunos establecimientos todavía los tengan en depósito.

Recomendamos utilizar poliéster o capoc 100% para el relleno (disponibles en establecimientos de manualidades y en tiendas *on-line*). Para un animal se necesitan entre 20 g y 60 g de relleno (dependerá del tamaño).

En nuestra página vendemos kits para confeccionar algunos animales. Incluyen el hilo, todas las agujas necesarias, el relleno, limpiapipas y un patrón.

Para aquellas personas que no saben tejer y les gustaría tener alguno de estos animales, vendemos algunos ya confeccionados. Puede verlos en nuestra página web: www.muirandosborne.co.uk.

Agradecimientos

Una vez más, hemos contado con el grupo de personas más maravillosas para trabajar en este libro: gracias a Katie Cowan y Amy Christian por su apoyo y su entusiasmo inquebrantables; a Laura Russell por su diseño creativo; a Marilyn Wilson por su enorme capacidad para revisar los patrones y a Kate Haxell por entender todo lo que hay que saber sobre el punto. Un enorme agradecimiento a Holly Jolliffe por sus maravillosas fotografías (incluso nevó cuando fue necesario) y a Caroline Dawnay y Olivia Hunt por su apoyo y su gran esfuerzo.

Una vez más, Rowan Yarns nos ha apoyado generosamente para este libro; su gama de hilos es estupenda.

Gracias también a nuestras familias por las cenas que nos han preparado y a los creadores de *Breaking Bad* por entretenernos durante las largas noches tejiendo.

Las autoras

Sally Muir y Joanna Osborne tienen su propio negocio de punto, Muir and Osborne. Exportan sus creaciones a establecimientos de Estados Unidos, Japón y Europa, además de vender directamente a tiendas del Reino Unido. Varias piezas suyas aparecen en la colección permanente del Victoria and Albert Museum (Londres).

Son autoras de varios títulos sobre el arte de tejer.